ミツカンとクックパッドの
ほど塩レシピ
ほどよいお塩でおいしい！

はじめに

　年々高まる、健康への関心。健康を考えるときに注目されているのが、「塩分」です。
　ところが実際のところ、私たちは、日々、想像以上に塩分を摂りすぎています。
　できあいのものや、外食で出されるものは、あなたが思っているよりも塩分が多めですし、保存がきくから便利だから買うさまざまな加工食品にも塩分が入っていることが多いのです。塩味が強いほうがご飯にも合うし、食がすすみますから、仕方のないこととはいえ、摂りすぎには注意したいですね。
　楽しく元気で健康な日々を送るために、毎日の塩分摂取量を適切にしたい。
　それには、自分で料理するのが一番です！
　ところが、塩分を減らすと「味がぼんやりする」「なんだかおいしくない気がする」ということになりがち……。
　でも、「塩分を減らしてもおいしいレシピ」を作るのは、本当に難しいのでしょうか？　実はそんなことはありません！
● お酢を手軽に使うと、ほどよいお塩で、おいしい料理を作ることができる。
● しょうゆの代わりに市販の「めんつゆ」や「ぽん酢しょうゆ」を使えば、だしのうまみ成分やお酢の酸味のおかげで、塩分を減らしてもおいしい。
　などなど、ちょっとしたアイデアで、塩分を減らしたおいしい料理を作ることは可能なのです。
　では、具体的にどんなふうにお料理したらいいのでしょうか？
　そこで、日本最大の料理レシピサイト「クックパッド」でレシピがたくさんの人から支持されている、人気のレシピ投稿者・レシピエールさんたちに、"ほどよいお塩"でおいしいレシピを開発していただきました。
　できあがってみたら、これが本当においしい！
　ほどよいお塩で、なるほど納得のおいしいレシピが、100個生まれました。
　ミツカンとクックパッドでは、このおいしいレシピに、オリジナルの名称をつけました。
　それが「ほど塩レシピ」です。
　2015年4月に、厚生労働省が定める「日本人の食事摂取基準」が5年ぶりに改訂される予定で、塩分摂取の目標量が、男女とも下がります（男性は1日9g未満から8g未満に、女性は7.5g未満から7g未満に──対象は18歳以上）。今こそ、「ほど塩生活」を始めたい。
　ほど塩レシピで、大切な人も、自分自身も、おいしくてやさしいお料理で守ってあげてください。

2015年1月
ミツカン＆クックパッド　ほど塩レシピ開発チーム

CONTENTS

はじめに ……………………………………………………………… 1
本多京子先生に学ぶ 減塩のキホン ………………………………… 5
おいしく減塩するための10のコツ ………………………………… 6
この本の使い方 ……………………………………………………… 8

MAIN DISH / MEAT
お肉で主菜

鶏むね肉のバターぽん炒めしそ風味 ……………………………… 10
鶏ときのこのこんがりぽん炒め …………………………………… 11
旨味をとじこめたトマトのチキンソテー ………………………… 12
揚げ鶏ピクルスソースがけ ………………………………………… 13
鶏肉とじゃがいもの七味炒め／大葉入りつくね ………………… 14
手羽元のお酢煮込み ………………………………………………… 15
ビネガーチキン～ハニーマスタード風～ ………………………… 16
ゆで鶏のさっぱりオーロラソース ………………………………… 17
グリルチキン 玉ねぎソースかけ ………………………………… 18
れんこんの肉詰め胡麻からめ／チキンと長いも焼き 黒こしょう風味 … 19
鶏手羽とろとろ照り照り煮 ………………………………………… 20
手羽先となすのごまみそ煮／白ネギと鶏肉のさっぱり炒め …… 21
ごまたっぷり甘酢チキン …………………………………………… 22
チーズinつくね 甘酢ペッパーソース …………………………… 23
カリカリ豚肉と野菜のぽん炒め …………………………………… 24
豚と野菜のエスニック風ぽん炒め ………………………………… 25
ひき肉の味噌ぽん炒め かつお生姜風味 ………………………… 26
豚とトマトとネギの中華風炒め／豚肉ともやしのレモン胡椒炒め … 27
とろり豚肉とキャベツの治部煮風 ………………………………… 28
豚肉と大根のさっぱり煮 …………………………………………… 29
ピリッとクリーミー冷しゃぶ ……………………………………… 30
厚切り豚のソースソテー …………………………………………… 31
豚肉の酢味噌炒め／豚肉の香味酢焼き …………………………… 32
簡単牛カルビ ぽん酢焼き ………………………………………… 33
肉・野菜モリモリぽん炒め ………………………………………… 34
かぼちゃの牛肉巻き シナモン＆ぽん酢焼き …………………… 35
牛肉かぼちゃ／牛肉のお酢炒め …………………………………… 36
お酢を使ったやわらか牛ステーキ ………………………………… 37
和風マーボーナス …………………………………………………… 38
豆とひき肉の豆板醬炒め …………………………………………… 39
れんこんバーグ 野菜たっぷりソース …………………………… 40

MAIN DISH / FISH
魚介で主菜

- 鮭ときのこのバターソテー ……………………………… 42
- 鮭と野菜の甘酢炒め ……………………………………… 43
- 鮭のから揚げ 和風あんかけ ……………………………… 44
- 鮭のムニエル 半熟卵ソース ……………………………… 45
- ぶりのヴィネグレットソース …………………………… 46
- ぶりのねぎ香味ソース …………………………………… 47
- ぶりのにんにく酢醬油焼き ……………………………… 48
- めんつゆで作るぶりの煮物 ……………………………… 49
- えびと卵のチリソース風／イカソテー トマトソースがけ …… 50

SIDE DISH
副菜

- ごぼう、にんじん、れんこんおかかきんぴら ………… 52
- 豆腐とレンコンのピリ辛あんかけ饅頭 ………………… 53
- ロースト野菜にチーズディップ ………………………… 54
- 玉ねぎとトマトのマリネ／大豆のカレーマリネ／
  カレー風味の野菜マリネ ……………………………… 54
- カリフラワーのピクルス カレー風味／
  パプリカのハーブ風味ピクルス ……………………… 56
- バジル香るにんじんピクルス／
  きゅうりのハニーマスタードピクルス ……………… 57
- モロヘイヤと長芋のネバネバ和え／
  焼きしいたけの納豆和え ……………………………… 58
- ほうれん草としめじ、油揚げの風味和え／
  にんじんのさっぱりナムル …………………………… 59
- なすと香ばしネギの簡単和え …………………………… 60
- トマトのごまぽん和え／
  レタスと海苔のぽん酢和え …………………………… 61
- 切って和えるだけ！ アボカドトマト …………………… 62
- ジャーサラダ気分の酢の物 ……………………………… 63
- 材料3つ！ きゅうりの翡翠和え ………………………… 64

RICE & NOODLE
主食

- くるみ香るピリ辛冷やしうどん …………………………………… 66
- 豆乳ごまだれ冷やしうどん ……………………………………… 67
- 冷やしごま&たまうどん ………………………………………… 68
- 和風ツナのさっぱり焼きうどん／混ぜて簡単！ツナぽんうどん ……… 69
- 豚しゃぶおろしうどん／しらすとフライドオニオンのぶっかけうどん …… 70
- 冷しゃぶごまだれぶっかけうどん ………………………………… 71
- お酢でさっぱり 肉じゃが風まぜうどん …………………………… 72
- ひんやりカレーうどん アツアツそぼろのせ ……………………… 73
- サバ缶を使ったトマトそうめん …………………………………… 74
- ねぎと鶏肉のそぼろそうめん／冷やしぶっかけそうめん ………… 75
- 鶏ひき肉とニラの中華風まぜそうめん …………………………… 76
- 豚バラ肉とナスのぶっかけそば …………………………………… 77
- エビとチンゲン菜のあんかけ焼きそば …………………………… 78
- 炒めトマトと温泉卵の中華混ぜ麺／ぽん酢焼きそば …………… 79
- さっぱりヘルシー 鶏そぼろカレー丼／ぽん酢でさっぱり！豚ニラ丼 … 80
- ぽん酢を使った鶏の辛子揚げおろし丼 …………………………… 81
- 漬けサーモンのマヨ丼 …………………………………………… 82
- かつおたたき丼 ごま風味／まぐろとねぎ丼 …………………… 83
- お酢でさっぱり！簡単チャーハン／
  パラパラ炒めご飯 バター&ぽん酢ガーリック ……………… 84
- 鮭とセロリのビネガー焼飯 トマトあん添え ……………………… 85
- きのこと豚肉の炊き込みご飯 …………………………………… 86

SOUP
スープ

- 鶏ひき肉と干し椎茸とトマトのうまみスープ ……………………… 88
- すまし豚汁／なめこのみぞれスープ ……………………………… 89
- 手羽中とごぼうのスープ ………………………………………… 90
- ささみと大根おろしの和風スープ ………………………………… 91

- 実際に、"ほど塩レシピ"で献立を作ってみましょう！ …………… 92
- "ほど塩"にするための調味料索引 ……………………………… 94

本多京子先生に学ぶ
減塩のキホン

医学博士・管理栄養士である本多京子先生に、減塩の大切さについて教えてもらいました。

HONDA KYOKO
本多京子

実践女子大学家政学部食物学科卒業。東京医科大学で医学博士号を取得。医学博士。管理栄養士。プロ野球をはじめ、スポーツ選手に対する栄養指導の経験も豊富で、テレビや雑誌での健康と栄養に関するアドバイスやレシピも多数。著書は60冊を超える。

日本の食文化は、もともと塩分が多い

　日本人の食文化は昔から「塩漬け文化」といわれています。それは、主食がお米だから。といっても、なにもお米が悪いわけではありません。お米は、同じ主食となるパンと比べても、ずっと優秀。塩分もコレステロールもゼロ。粒の状態で食べるため、ゆっくりと消化吸収され、血糖値の上昇も穏やかです。そして、腹もちもいい。主食のなかで、最も栄養的に優れているのはお米だと思います。
　こんなにいいことづくしのお米なのに、塩漬け文化といわれる原因になっているのは腑に落ちない！……そう思われるかもしれませんが、お米の"いいところ"が、同時に、塩分の摂りすぎにもつながっているのです。
　塩分もコレステロールも入っていないご飯と相性がよいのが、味噌汁や漬け物や焼き塩鮭など、塩気の強いおかずです。また、昔は現在のように物流システムが確立されていませんでしたし、冷蔵庫も普及していませんでした。食品を保存するには、冷蔵・冷凍ができないし、フリーズドライもないから、干すか、塩で漬けるか、のどちらかです。
　こうしたことが組み合わさって、お米をおいしく食べるために塩気の強いものが並ぶ食生活になってしまったわけです。おいしいご飯と味噌汁、漬け物、煮物、焼き塩鮭……というような塩気の多い献立が、日本の食事の基本となり、「塩漬け文化」になってしまった理由、よくわかりますね。

「見えない塩」に要注意！

　時代は変わり、ライフスタイルが欧米化してきました。同時に、食生活も変化しました。
　調理にかける時間は少なくなり、電話やメール1本で、食材やできあいの食事がすぐに届きます。深夜でもコンビニに行けば、1人前の惣菜を買うこともできる便利な時代です。ここが、落とし穴。
　今の時代の問題点は「見えない塩」の存在なのです。便利な社会になり、できたてのものを手軽に買って食べることができます。また、おいしい加工食品も充実しています。しかし、それらには塩分が入っていることを忘れてはいけません。
　昔は、主食のご飯を食べるために味噌汁、漬け物、煮物などで塩分を摂っていました。これらを自分で調理すれば、どれくらい塩分を含む調味料を使ったかわかりますが、できあいのお惣菜や加工食品に入っている塩分には気がつきません。加工食品から、かなりの量の塩分を摂っていることを認識し、なるべく手作りを心がけてほしいものです。

おいしく減塩するための 10のコツ

実際の料理で、どんなことに気をつけたらいいのでしょう。ちょっとしたコツで、ほどよいお塩でおいしくなるのです！ひきつづき本多京子先生にお聞きしてみました。

1 「酸味」を上手に使う

「酸味には、塩味を強く感じさせるという特徴があります。ですから、塩を減らしても酸味を上手に活用すれば、薄味でもおいしい料理になるのです。

酸味のある調味料の代表といえば「酢」。酢は、塩味を少なくしても料理をおいしくさせる有効な調味料です。煮物や炒め物など、普段は酢を使わなかった料理にも酢を少し加えてみてください。塩を少なくしても、しっかりとコクとうまみが感じられるおいしい料理になっているはずです。

2 香りのいい「香味野菜」を使う

塩分を少なくすることで生じる物足りなさを、しょうが、しそ、みつば、みょうがなどの香味野菜で補います。これらの香味野菜が持つ香りや風味が薄味をカバーして、おいしく感じることができます。バジルやローズマリーなど、ハーブを使うのも手です。

3 酸味に、「辛みや香り」をプラス。ダブル、トリプル使いを

ぽん酢しょうゆにゆずこしょう。黒酢にラー油。すし酢にカレー粉……。など、酸味に辛みや香りをプラスして使うと、ほどよいお塩でさらにおいしいメニューに仕上がります。

ひとくちに辛みと言ってもさまざまな種類があります。ゆずこしょう、ラー油、カレー粉以外にも、しょうが、わさび、からし、豆板醤(トウバンジャン)……などで、メリハリのきいたおいしいメニューを！

4 「だし」をきかせる

かつお、昆布、煮干し、干ししいたけなどのだしのうまみ成分がきいていると、薄味でも物足りなさを感じません。だしをとることを面倒と思っている方もいらっしゃるかもしれませんが、まったくそんなことはありません。私のおすすめは「水だし」です。水の中に昆布や煮干し、干ししいたけを浸けておく。それだけでできるシンプルかつ簡単なだしで、減塩の料理は格段においしくなるのです。

5 「とろみ」をつける

薄味でも「とろみ」があると、舌にとどまる時間が長くなるので、味を強く感じるようになります。仕上げに水溶き片栗粉でとろみをつける。

そのほかにも、大根おろしなど、野菜や果物をすりおろして使う方法もおすすめ。大根おろしにゆずこしょうとぽん酢しょうゆを混ぜて使う方法も、おいしいですよ。

6 「新鮮な素材」を使う

　あたりまえのことですが、新鮮でいい素材はそれだけでおいしいもの！　余分な味付けなんて必要ありません。また、素材のうまみを生かす調理法も大切です。表面に片栗粉などをまぶしてゆでることで、素材のうまみを閉じ込める、ゆでずに蒸し煮にするなど、ひと工夫を。

7 「焼き目」をつける

　焼き目がついていると香ばしい香りがしますね。この「香ばしさ」は、味覚においてとても大事です。焼き目をつけた野菜なら、少しだけぽん酢しょうゆをかけただけで抜群においしいです。また、少量の油で「揚げ焼き」した料理なら、しょうゆの代わりに黒酢をかけただけでもおいしく味わえます。それに少し焼き目がついた料理って、なんだかおいしそうに見えませんか？　焼き目はおいしく見せる視覚効果もあるのです。

9 おかずの組み合わせに「メリハリ」をつける

　主菜の塩分が少なめだったら、副菜は少し塩分のきいたものにする。逆に主菜は塩分がきいているのであれば、副菜は少なめに……と、おかずの組み合わせにメリハリをつけると、ご飯をおいしくいただけます。

8 「濃いめの色」にする

　焼き目はおいしく見せる視覚効果があるとお話ししましたが、「おいしそうに見える」ってとても重要なこと。一般的に減塩料理って、いかにも薄味で気ないような印象はありませんか？　それを払拭するための「見た目」です。1で、酢は塩味を少なくしても料理をおいしくさせる有効な調味料と言いましたが、この酢を使うときも、「穀物酢」の代わりに「黒酢」を使うと料理に少し色がつくので、ひとつのアイデアとして覚えておくといいでしょう。私は、しょうゆと黒酢を半々に合わせて煮物などによく使いますが、仕上がりの色はこっくり、コクがあるうえにほどよいお塩で、おいしい煮物が作れます。

10 しょうゆの代わりに、市販の「めんつゆ」や「ぽん酢しょうゆ」を使う

　おいしく減塩する身近な工夫として、しょうゆの代わりに、すでに合わせて調味された市販の「めんつゆ」や「ぽん酢しょうゆ」を使うのもおすすめです。今日からすぐに実行できますね。

　今までしていた炒め物も、味付けにぽん酢しょうゆを使うだけで、びっくりするほど簡単においしくなるので、ぜひ試してみてください。

※本書に「ぽん炒め」と名前のついたレシピがたくさんありますが、ぽん酢を使って炒めたお料理です。

この本の使い方

本書には、100個のレシピが掲載されています。

これらのレシピを考案したのは、日本でナンバーワンの人気を博す料理レシピの投稿・検索サイト「クックパッド」で人気のレシピエールさんたちです。

レシピエールさんたちにお願いして、「穀物酢」「ぽん酢しょうゆ」「めんつゆ」を使った、"ほどよいお塩でおいしいレシピ"を考えていただき、集まった200以上のレシピの中から、《ほど塩レシピ開発チーム》で厳選し、選びました。

さすが、人気のレシピエールさんが作るレシピはどれもたいへんおいしく、泣く泣く厳選したのですが、だからこそ「絶対おいしい!」と自信の持てる100レシピになりました。

※レシピエールとは……
レシピ作者という意味で、「レシピ」にフランス語で女性を表す語尾「エール」を組み合わせた造語です。クックパッドが料理の楽しさを伝えてくれる人気作者さんを募集し、結成されたグループです。

※レシピはすべて、この本のために開発されたもので、クックパッド（のサイト）上にはアップされていない可能性があります。

材料の分量の表示
大さじ1は15ml、小さじ1は5ml、1カップは200mlです

1食あたりのカロリー

1食あたりの食塩相当量
調味料や缶詰などは、一般的なもので計算。ぽん酢しょうゆは「ミツカン味ぽん」、めんつゆは「ミツカン追いがつおつゆ2倍」、白だし（市販）は「ミツカン プロが使う味 白だし」（2015年1月20日現在）で塩分量を計算しています。参考までに、「ミツカン味ぽん」は、大さじ1あたり食塩相当量1.40g、「ミツカン追いがつおつゆ2倍」は大さじ1あたり食塩相当量1.07g、「ミツカン プロが使う味 白だし」は大さじ1あたり食塩相当量2.27gが入っています。

"ほど塩"ポイント
このレシピが、"ほどよいお塩"でおいしい理由とは?

レシピエールさんのお名前
このレシピを開発してくださったレシピエールさんです

※この本で使った酢はすべて「穀物酢」ですが、好みに応じて「米酢」や「黒酢」でも構いません。

ほど塩レシピ
お肉で主菜

青じその風味豊かでバターのコクもある

鶏むね肉の
バターぽん炒めしそ風味

エネルギー **304** kcal
食塩相当量 **1.6** g
1人分

材料 2人分

鶏むね肉	200g
たまねぎ	1個
赤パプリカ	小1個
青じそ	10枚
ぽん酢しょうゆ	大さじ2
バター	10g
片栗粉	大さじ1

作り方

❶ 鶏むね肉は細切り（そぎ切りにしたあと端から細く切る）にし、ぽん酢しょうゆ大さじ1をもみ込んでおく。
❷ たまねぎ、赤パプリカ、青じそは4〜5mm程度の同じ幅に切る。
❸ ①に片栗粉をよくもみ込む。
❹ フライパンに油をひき（材料外）、③を広げるようにして焼く。最初はあまりさわらず、周りが白くなってきたらほぐしながら炒める。
❺ 鶏肉にほぼ火が通ったら、たまねぎとパプリカを入れる。
❻ たまねぎが透き通ったらぽん酢しょうゆ大さじ1を入れ、混ぜ炒めたらバターを加える。
❼ 最後に青じそを加え、さっとあおればできあがり。

青じそで風味アップ

塩としょうゆは使わずぽん酢しょうゆで味付け

レシピ提供／santababyさん

こんがりと焼いて香ばしく！
鶏ときのこの こんがりぽん炒め

エネルギー **319**kcal
食塩相当量 **1.5**g
1人分

材料 2人分
- 鶏もも肉 …………… 1枚（250g）
- 片栗粉 …………… 大さじ1と1/2
- しめじ …………… 1パック（100g）
- 長ねぎ …………… 1/2本
- にんにく …………… 1/2片
- ぽん酢しょうゆ …………… 大さじ2
- サラダ油 …………… 小さじ1

作り方
1. しめじは小房に分ける。長ねぎは斜め切りにする。にんにくはすりおろしてぽん酢しょうゆと混ぜておく。
2. 鶏肉は大きめの一口大に切り、片栗粉をまぶす。ポリ袋を使うと手も汚れず簡単。
3. フライパンにサラダ油を熱し、鶏肉を皮目からこんがりと焼く。
4. 鶏肉を返したら、ふたをして焼く。
5. こんがりとよく焼けたら（この時点で中まで完全に火が通っていなくても大丈夫）、ペーパータオルなどで余分な脂を拭き取る。
6. しめじと長ねぎを加え、再びふたをする。長ねぎに焼き色がつき、しめじがしんなりしてくるまで蒸し焼きにする。
7. いったん火を止めて、にんにくを混ぜたぽん酢しょうゆを加える。再び火をつけ、味をからませながら仕上げる。

焼き色をつけて香ばしく

塩としょうゆは使わずぽん酢しょうゆで味付け

レシピ提案／shimaruさん

めんつゆベースのたれを鶏肉にからめて

旨味をとじこめた
トマトのチキンソテー

エネルギー
435 kcal
食塩相当量
1.3 g
1人分

しょうゆは使わず
めんつゆで味付け

にんにくで
風味アップ

レシピ提供／ブラックウルフさん

材料 2人分

鶏もも肉	1枚（250g）
オリーブオイル	大さじ1
めんつゆ（濃縮2倍）	大さじ2
トマト	1個
じゃがいも	1個
牛乳	1/4カップ
水	1/4カップ
にんにく（すりおろし）	小さじ1と1/4
バター	5g
コーン缶（ホール）	30g
パセリ（みじん切り）	大さじ1

作り方

❶ じゃがいもは皮をむき、小さく切って小鍋に入れる。一度サッと水で洗い、牛乳、水、にんにく小さじ1/4を入れ、火にかける。

❷ じゃがいもがやわらかくなったら、ヘラなどでつぶしながら混ぜ、もったりしてきたらバターも加えて溶かす。

❸ ②がぽってりしてきたら火を止める（冷めると少しかたくなるので、少しゆるいくらいで火を止める）。

❹ トマトのへたを切り落としてその部分からすうおろし、めんつゆ大さじ1と2/3、にんにく小さじ1と混ぜてたれを作る。

❺ オリーブオイルを熱したフライパンで、鶏肉を皮目から焼きはじめる。こんがり焼けたら裏側も焼く。ほとんど火が通ったら横に寄せる。

❻ 余分な脂を拭き取り、コーンとパセリを入れて炒める。フライパンを少し傾け、めんつゆ小さじ1を入れ、水分がとぶまで炒める。

❼ コーンを取り出し、④のたれを加え、鶏肉に煮からめながらたれが煮詰まるまで加熱する（少したれが残る程度で火を止める）。

❽ ③のじゃがいもクリームにコーンをのせ、鶏肉をお好みでカットして盛り付け、たれをかける。

カリッとした衣にピクルスが合う!
揚げ鶏ピクルスソースがけ

エネルギー **387**kcal
食塩相当量 **1.4**g
1人分

しょうが、にんにく、粒こしょうで風味アップ

お酢で塩気アップ

衣を香ばしく

レシピ提供／yukanosukeさん

材料 2人分

鶏もも肉	1枚（250g）
きゅうり	10g
赤パプリカ	5g
長いも	10g
大根	15g（1cm厚さの輪切り1枚程度）
たまねぎ	10g
穀物酢	大さじ1
砂糖	大さじ1
塩	小さじ¼
昆布	1cm角
粒こしょう（黒）	1粒
揚げ油	適量
A　しょうゆ	小さじ1
酒	大さじ1
しょうが（すりおろし）	小さじ1
にんにく（すりおろし）	小さじ½
片栗粉	大さじ1強

作り方

❶ 電子レンジ可のファスナー付き保存袋に穀物酢、砂糖、塩を入れ、電子レンジ（700W）で30秒加熱し、混ぜる。

❷ きゅうり、パプリカ、長いも、大根を5cmほどのスティック状に切る。たまねぎはスライスする。

❸ ①に②を入れ、昆布と粒こしょうも入れる。冷蔵庫で30分以上漬ける。

❹ 鶏もも肉を包丁などで刺して味をしみやすくする。Aの材料をすり込み、10分ほどおく。

❺ ④に片栗粉をまぶし、180℃の揚げ油で皮目から3分、返して2分揚げ、網で休ませ冷めてから切る。

❻ ③のたまねぎ以外の野菜を1cm角に切り、たまねぎと一緒に揚げた鶏肉にのせ、最後に粒こしょう、汁をかける。

カリカリチキンにじゃがいもがぴったり
鶏肉とじゃがいもの七味炒め

材料 2人分

鶏もも肉	1枚（250g）
じゃがいも	中2個
サラダ油	大さじ1
七味とうがらし	小さじ½
めんつゆ（濃縮2倍）	大さじ2

作り方

1. 鶏肉は食べやすい大きさに切る。じゃがいもは半月の5mm幅に切ったら水につけて、その後水けをきる。
2. フライパンにサラダ油を熱して鶏肉を皮目から焼き、じゃがいもを加え、焼き色がつくように炒める。
3. 焼き色がついたら、ふたをして中まで火を通す。七味とうがらしをふり（少し残しておく）、めんつゆを入れる。
4. 最後に、残しておいた七味とうがらしをふる。
   ※写真は、飾りで万能ねぎを使用。

しょうゆは使わずめんつゆで味付け
焼き色をつけて香ばしく
七味とうがらしで風味アップ
エネルギー 421kcal 食塩相当量 1.2g 1人分

レシピ提案／キョクさん

青じその香りでおいしさ倍増
大葉入りつくね

材料 2人分

A
鶏ひき肉	160g
青じそ	5枚
長ねぎ	¼本
溶き卵	½個分
パン粉	10g
マヨネーズ	小さじ1
片栗粉	大さじ½
砂糖	小さじ⅓
しょうが(すりおろし)	小さじ1

調味料
めんつゆ（濃縮2倍）	大さじ2
酒	大さじ1
本みりん	大さじ1
水溶き片栗粉	小さじ½

作り方

1. 長ねぎと青じそはみじん切りにし、Aの材料をボウルに入れてよくこねる。
2. 調味料を合わせてたれを作る。
3. フライパンにサラダ油（材料外）を熱し、①を6等分にして丸めたつくねを焼く。
4. 焼き目がついたら裏返し、水大さじ1（材料外）を加え、ふたをして2～3分蒸し焼きにする。
5. ②のたれを入れ、水溶き片栗粉を加えてとろみをつける。

エネルギー 263kcal 食塩相当量 1.4g 1人分
青じそと長ねぎで風味アップ
塩としょうゆは使わずめんつゆで味付け

レシピ提案／☆栄養士のれしぴ☆さん

味がしみたやわらかお肉は間違いのないおいしさ!

手羽元のお酢煮込み

エネルギー **276**kcal
食塩相当量 **0.8**g
1人分

材料 2人分

鶏手羽元	6本
しょうが（せん切り）	2〜3g
酒	大さじ1
本みりん	大さじ1
水	½カップ
穀物酢	½カップ
めんつゆ（濃縮2倍）	大さじ1

作り方

❶ 鍋（フッ素樹脂加工）を強火にかけ、手羽元の表面に焼き色がつくように焼く。途中で出てきた脂は拭き取る。

❷ 焼き色がつき、余分な脂も拭き取れたところで、中火にしてしょうが、酒、本みりんを加えアルコール分をとばす。

❸ 水と酢を加えたらアク取り用にクッキングシートを数カ所穴をあけてかぶせ、中火で約15分煮る。

❹ 煮汁がほとんどない状態になったらめんつゆを加え、さらに5分ほど煮る。煮汁が少ないので、箸で肉を裏返しながら両面に味がつくよう煮ていく。

※写真は、飾りでゆでたいんげん使用。
※熱々よりも、冷ましてからいただくのがおすすめ。

しょうゆは使わずめんつゆで味付け

しょうがで風味アップ

お酢で塩気アップ

レシピ提案／さとみわさん

ほのかな酸味と辛みで食がすすむ
ビネガーチキン
～ハニーマスタード風～

エネルギー **386** kcal
食塩相当量 **1.4** g
1人分

お酢で塩気アップ

にんにくや粒マスタードで風味アップ

レシピ提供／ブラックウルフさん

材料　2人分
鶏もも肉	1枚（250g）
れんこん	5cm
にんにく（みじん切り）	1片分
サラダ油	大さじ½
調味料　穀物酢	½カップ
塩	小さじ⅓
粒マスタード	小さじ2
はちみつ	小さじ2
バター	10g
レタス	2～3枚

作り方
❶ 鶏肉は一口大に切る。れんこんは皮をむき、縦に半分～¼に切ってから厚さ2mm程度に切り、水にさらす。
❷ フライパンにサラダ油とにんにくを入れて熱し、鶏肉を皮目から焼く。水けをきったれんこんも一緒に炒める。
❸ 両面が焼けたら「合わせた**調味料**」を加え、汁けが少なくなるまで強火で煮詰める。
❹ 最後にバターを加えて再び煮からめ、汁けがなくなったら火を止める。器に盛り付け、レタスを添える。

マヨネーズ＋トマトケチャップ＋ソースがお酢でさわやか

ゆで鶏の
さっぱりオーロラソース

エネルギー **383** kcal
食塩相当量 **1.2** g
1人分

黒こしょうで風味アップ

お酢で塩気アップ

レシピ提案／santababyさん

材料 2人分

鶏むね肉	200g
ブロッコリー	1/2株
赤パプリカ	小1個（100g）
エリンギ	中2本（100g）
水	2と1/2カップ
穀物酢	1/4カップ
レモン	適宜
粗挽き黒こしょう	適宜
ソース｛マヨネーズ	大さじ3
トマトケチャップ	大さじ2
ウスターソース	小さじ1
穀物酢	小さじ2
黒こしょう	少々

作り方

❶ **ソース**の材料を混ぜ、合わせておく。

❷ 鶏肉はサッと水で洗い、水けを拭き取る。

❸ 鍋に水と酢を入れて火にかける。沸騰したら②の鶏肉を入れ、アクを取り除く。ふたをし、火を止め20分ほどおいておく。

❹ ブロッコリーは小房に分けて下ゆでし、パプリカは縦6等分に、エリンギは半分に切り、オーブントースターで焼く。

❺ 鶏肉を切り分け、野菜と一緒に皿に盛り付けたら、①の**ソース**をかけ、お好みで黒こしょうをふり、レモンを飾る。

柚子こしょうがピリリときいてアクセントに
グリルチキン 玉ねぎソースかけ

エネルギー
632 kcal
食塩相当量
1.4 g
1人分

お酢で塩気アップ

柚子こしょうで風味アップ

塩としょうゆは使わずめんつゆで味付け

レシピ提案／いづみうなさん

材料 2人分

鶏もも肉	2枚（500g）
にんにく（すりおろし）	1片分
柚子こしょう	小さじ¼
塩	小さじ⅛
粗挽き黒こしょう	小さじ½
ソース たまねぎ	½個
赤パプリカ	½個
黄パプリカ	½個
オリーブオイル	大さじ1
穀物酢	大さじ2
めんつゆ（濃縮2倍）	大さじ1
酒	大さじ1
本みりん	小さじ2
レタス	適宜

作り方

❶ 鶏肉の厚みのある部分に縦に切り込みを入れて厚さを均一にし、にんにく、柚子こしょう、塩、粗挽き黒こしょうをすり込み、5分ほどおく。

❷ 魚焼きグリルでこんがりするまで焼く（両面焼き・水ありの場合で強火13分ほど）。

❸ 焼きあがり後は肉汁を落ち着かせるため3分ほどそのままおいておく。

❹ ソースを作るため、たまねぎはみじん切りに、赤・黄パプリカは食感を残すために大きめのみじん切りにする。

❺ フライパンにオリーブオイルを熱し、たまねぎのみじん切りを入れ、透き通った色になるまで強火で炒める。さらにパプリカを入れてサッと炒め、酢を入れて煮詰める。

❻ 酢の量が半分くらいになったらめんつゆ、酒、本みりんを入れて一煮立ちさせたら、ソースの完成。

❼ ③の鶏肉を大きめにカットして器に盛りつけ、⑥のソースをかける。お好みでレタスを添える。

れんこんの肉詰め胡麻からめ

れんこんのシャキシャキした歯ごたえがいい!

材料　2人分（写真は1人分）

- 鶏ささみ …… 4本
- 下味
  - マヨネーズ　小さじ2
  - 塩 …… 0.8g
  - こしょう …… 0.1g
- れんこん …… 6cm（75g）
- 小麦粉 …… 大さじ1と½
- A
  - めんつゆ（濃縮2倍） …… 大さじ1
  - 本みりん …… 大さじ2
  - 練りごま …… 小さじ1
  - 本わさび …… 1cm（1.5g）
- ごま油 …… 大さじ1
- 水 …… 適量
- いりごま（黒）…… 小さじ2

作り方

1. ささみの筋を取り、包丁でたたいて**下味**の材料を合わせ、よくこねる。れんこんは皮をむいて5mm厚さに切り、小麦粉を薄くまぶす。れんこんに肉を詰めて挟む。
2. フライパンにごま油を熱し①を入れ、水を加えてふたをして蒸し焼きにし、中まで火を通す。
3. ふたを取り、こんがり焼き色がつくまで焼く。「合わせた**A**」を回しかけ、全体にからめるように煮詰めながら焼く。最後にいりごまをふる。

ごまやわさびで風味アップ

しょうゆは使わずめんつゆで味付け

エネルギー **306kcal**　食塩相当量 **1.2g**　1人分

レシピ提案／pomu◎:さん

チキンと長いも焼き黒こしょう風味

こんがりと、香りよく焼きあげる

材料　2人分

- 鶏もも肉 …… 1枚（250g）
- 長いも …… 400g
- 粗挽き黒こしょう …… 小さじ1
- サラダ油 …… 大さじ1
- A
  - めんつゆ（濃縮2倍）…… 大さじ2
  - 穀物酢 …… 大さじ1
  - 水 …… 大さじ1
- 長ねぎ（青い部分）…… 5cm

作り方

1. 長いもは皮をむいて、酢水（材料外）につけておく。ざるにあげたら、厚めの輪切りにする。
2. 鶏肉の両面に黒こしょうをまぶし、食べやすい大きさに切る。フライパンにサラダ油を熱し、鶏肉を皮目から焼く。皮目に焼き色がついたら、ひっくり返す。
3. フライパンの空きスペースに長いもを並べ、黒こしょうをふる。アルミホイルでふたをして焼く。焼き色がついたら、ひっくり返して裏面も同様に焼く。
4. 「合わせた**A**」を③全体に回しかけ、よくからめる。
5. 器に盛り、小口切りにした長ねぎをちらす。

しょうゆは使わずめんつゆで味付け

お酢で塩気アップ

エネルギー **440kcal**　食塩相当量 **1.2g**　1人分

レシピ提案／キョクさん

お酢でさっぱりと、やわらかく煮て
鶏手羽とろとろ照り照り煮

エネルギー **143** kcal
食塩相当量 **1.7** g
1人分

しょうゆは使わず
めんつゆで味付け

お酢で
塩気アップ

レシピ提案／mogomさん

材料 2人分
鶏手羽中 ………………… 200g
めんつゆ（濃縮2倍）………… 大さじ3
穀物酢 ………………… 大さじ4と½
いりごま（白）……… 1g（小さじ⅓程度）

作り方
❶ 手羽中をサッと洗って水けをきる。
❷ 小さめの鍋に、手羽中、めんつゆ、酢を一緒に入れる。落としぶたをして、弱火で20分ほど煮る。
❸ 火を止めてそのままおいておく。食べる前にごまをふる。
※写真は飾りにリーフレタスを使用。

煮汁をたっぷり吸った手羽先となすは相性抜群!
手羽先となすのごまみそ煮

材料 2人分
鶏手羽先	4本
なす	2本
サラダ油	大さじ2
みそ	小さじ1

A
いりごま(白)	小さじ2
水	½カップ
めんつゆ(濃縮2倍)	大さじ2
砂糖	小さじ1

作り方
1. なすを縦半分に切り、皮に斜めに5mm間隔で切り込みを入れる。その途中で2等分する(なす1本を4等分)。
2. フライパンにサラダ油大さじ1を熱し、強めの中火で手羽先の皮にこんがりと焼き色をつける。
3. 手羽先を裏返してフライパンの端に寄せ(またはいったん取り出す)、サラダ油大さじ1をたし、なすも皮のほうから焼く。
4. なすを裏返したらAを入れ、強めの中火で煮る。
5. 沸騰したらアクを取り、ペーパータオルなどで落としぶたをして弱火で15分ほど煮る。
6. 汁けが半分くらいになったら、みそを溶きながら入れ、いりごまを加えて弱火のまま1~2分煮る。

しょうゆは使わずめんつゆで味付け
ごまで風味アップ
エネルギー **297**kcal
食塩相当量 **1.6**g
1人分

レシピ提案／meg526さん

肉とねぎを一緒に食べるとおいしさ倍増
白ネギと鶏肉のさっぱり炒め

材料 2人分
鶏もも肉	1枚(330g)	片栗粉	大さじ2
長ねぎ	1本(70g)	穀物酢	大さじ1
酒	大さじ1	めんつゆ(濃縮2倍)	大さじ2
こしょう	少々	サラダ油	大さじ1

作り方
1. 鶏肉にフォークで数カ所穴をあけ、酒をなじませる。
2. 長ねぎの白い部分のみを5cmの長さに切る。
3. ①の鶏肉の汁けを取り、食べやすい大きさに切る。こしょうをして、片栗粉をつける。このとき、ポリ袋に入れて作業すると簡単。
4. フライパンにサラダ油を熱し、③の鶏肉を焼く。
5. 鶏肉が焼けてきたら、長ねぎを加えて焼く。
6. 酢とめんつゆを加えて少し煮込むように炒める。汁けがなくなったら、できあがり。

焼き目をつけて香ばしく
お酢で塩気アップ
しょうゆは使わずめんつゆで味付け
エネルギー **445**kcal
食塩相当量 **1.2**g
1人分

レシピ提案／さとこぱんたーにさん

酸味がきいて、ごまの香ばしさが広がる

ごまたっぷり
甘酢チキン

エネルギー
380 kcal
食塩相当量
1.5 g
1人分

レシピ提案／soufflesさん

材料 2人分

鶏むね肉（皮なし）	250g
しょうゆ	小さじ⅓（下味用）
小麦粉	大さじ2
赤とうがらし	2cm
サラダ油	大さじ2
すりごま（白）	大さじ4
A 穀物酢	大さじ2
A しょうゆ	大さじ1
A 砂糖	大さじ1
A しょうが（すりおろし）	小さじ½
万能ねぎ（小口切り）	大さじ2

作り方

❶ 鶏肉は3〜4cm角に切り、しょうゆで下味をつけて30分以上おく。
❷ Aの調味料を合わせる。
❸ ①の鶏肉全体に小麦粉をまぶす。
❹ フライパンにサラダ油を熱して赤とうがらしを入れ、焦げる直前に取り出す。
❺ 中火にして鶏肉を入れ、片面にしっかりと焼き色をつける。
❻ 鶏肉を裏返したら、ふたをして弱火にし、蒸し焼きにする。
❼ 全体に火が通ったらふたを取り、最後に強火にしてカリッときつね色に焼きあげて取り出す。
❽ ②であえてから、すりごまをかけ、万能ねぎをちらす。

食べると中からチーズがとろ～っと
チーズ in つくね 甘酢ペッパーソース

エネルギー
243 kcal
食塩相当量
1.4 g
1人分

黒こしょうで風味アップ

お酢で塩気アップ

レシピ提案／MI-RINさん

材料 2人分
- 鶏ひき肉 …………… 180g
- 下味
  - 穀物酢 ………… 小さじ2
  - 粗挽き黒こしょう …… 少々 (0.1g)
- プロセスチーズ ……… 2個 (24g)
- ごま油 …………… 小さじ1
- A
  - 穀物酢 ………… 小さじ4
  - しょうゆ ………… 小さじ2
  - はちみつ ………… 小さじ2
  - 粗挽き黒こしょう …… 小さじ¼
  - 片栗粉 …………… 小さじ1
  - 水 ……………… 小さじ3

作り方
1. プロセスチーズは1個を4等分に切る。**A**を混ぜ合わせておく。
2. ひき肉に**下味**を混ぜ、まとまりが出るまでよくこねる。8等分にしてチーズを包んで丸め、少し平らな形にする。
3. フライパンにごま油を熱し、中火でつくねを焼く。焼き色がついたらひっくり返し、もう片面も焼き色をつける。
4. 焼き色がついたら弱火にし、ふたをしてしっかり火を通す。プリッと弾力が出ていれば火が通ったサイン。
5. 火からおろして器に取り出し、肉汁の出たフライパンに「合わせた**A**」を入れ、再び弱火にかける。
6. とろみが出てきたら、つくねを戻してソースをからめる。

※写真は、飾りに貝割れ大根とレタスを使用。

バラ肉のうまみで野菜もおいしい

カリカリ豚肉と野菜のぽん炒め

エネルギー
344 kcal
食塩相当量
1.5 g
1人分

材料 2人分

豚バラ肉（薄切り）	160g
ミニトマト	10個
オクラ	10本
ぽん酢しょうゆ	大さじ2

作り方

❶ オクラは下ゆでして半分に切る。ミニトマトも半分に切る。
❷ フライパンを熱し、豚バラ肉をカリカリに焼く（豚肉から脂が出るのでサラダ油は入れない）。
❸ ①の野菜を加えてサッと混ぜ、ぽん酢しょうゆを加える。

しょうゆは使わず
ぽん酢しょうゆで味付け

焼き色をつけて
香ばしく

レシピ提案／朝まとさん

レモンの酸味がアクセントに

豚と野菜の
エスニック風ぽん炒め

エネルギー **240**kcal
食塩相当量 **1.5**g
1人分

材料 2人分
豚肉（こま切れ）	150g
酒	小さじ1
しょうゆ	小さじ1
こしょう	0.1g
片栗粉	大さじ½
れんこん	50g
赤ピーマン	1個
ぽん酢しょうゆ	大さじ1
ナンプラー（魚醬）	小さじ½
砂糖	小さじ1
サラダ油	大さじ1
レモン	¼個

作り方
❶ ボウルに豚肉、酒、しょうゆ、こしょうを入れてもみ込んでおく。
❷ れんこんは皮をむいて薄切り、赤ピーマンは乱切りにする。①の豚肉に片栗粉をまぶす。
❸ フライパンにサラダ油を熱し、強火で②の豚肉をほぐしながら炒める。
❹ 豚肉の両面が焼けたら、れんこんと赤ピーマンを入れてさらに炒める。
❺ 野菜に火が通ったら、ぽん酢しょうゆ、ナンプラー、砂糖を入れてからませる。器に盛り付け、くし形に切ったレモンを添える。

レモンで風味アップ

しょうゆは使わずぽん酢しょうゆで味付け

レシピ提案／AYACHIN*さん

とろみのあるひき肉がうまみの素

ひき肉の味噌ぽん炒め
かつお生姜風味

エネルギー
256 kcal
食塩相当量
1.3 g
1人分

しょうゆは使わず
ぽん酢しょうゆで味付け

しょうがで
風味アップ

レシピ提案／MI-RINさん

材料 2人分

豚ひき肉	160g
キャベツ	200g
ピーマン	2個
しょうが	1片
調味料 ぽん酢しょうゆ	大さじ1
みそ	大さじ½
ごま油	大さじ½
かつお節	1パック（2.5g）
★水溶き片栗粉	
片栗粉	小さじ1
水	小さじ2

作り方

❶ しょうがは半分をすりおろし、半分をみじん切りにする。すりおろした分は**調味料**と一緒に混ぜておく。

❷ キャベツは一口大のざく切りにし、バラバラにしておく。ピーマンは半分に切ってへたを取り、一口大に切る。

❸ フライパンにごま油を熱し、中火でひき肉とみじん切りのしょうがを炒める。

❹ ひき肉がほぐれたら、②の野菜とかつお節（トッピング用に少々残す）を入れてさらに炒める。

❺ 全体がしんなりし、ひき肉に火が通ったら、①の**調味料**を入れ、汁けが少なくなるまで炒める。

❻ 火からおろして野菜だけ皿に取り出し、残った汁とひき肉に**水溶き片栗粉**を混ぜ、再び弱火にかける。

❼ とろみが出てきたら野菜を戻してしっかりからめ、器に盛って残りのかつお節をちらす。

トマトの甘みとねぎの風味が絶妙のバランス

豚とトマトとネギの中華風炒め

材料 2人分

豚肉(薄切り)	160g
長ねぎ	1本
トマト	1個
ごま油	小さじ1/2
しょうが(せん切り)	5g
いりごま(白)	適宜
コリアンダー(香菜)	適宜

調味料
湯	1/2カップ
鶏がらスープの素	小さじ1
穀物酢	大さじ1と1/2
酒	大さじ1
砂糖	小さじ1
片栗粉	小さじ2

作り方

❶ 豚肉とトマトは一口大、長ねぎは斜め切りにする。
❷ フライパンにごま油としょうがを入れ、弱火にかけて香りを出す。
❸ しょうがの香りが出たら豚肉を入れ、強めの中火で炒める。
❹ 豚肉の色が変わったら長ねぎを加えて炒める。
❺ 長ねぎに火が通ったらトマトを加え、続いてすぐに「合わせた**調味料**」を加える。
❻ 強火にして調味料をからめ、汁けがほとんどなくなったら盛り付ける。お好みでいりごまをふったり、コリアンダーをのせる。

しょうがで風味アップ
お酢で塩気アップ

エネルギー **212**kcal
食塩相当量 **0.8**g
1人分

レシピ提案/さとみわさん

もやしのシャキシャキとした食感がいい！

豚肉ともやしのレモン胡椒炒め

材料 2人分

豚バラ肉(薄切り)	160g
もやし	1袋(200g)
ごま油	小さじ3
粗挽き黒こしょう	0.1g

A
めんつゆ(濃縮2倍)	大さじ2
レモン(果汁)	大さじ1/2
片栗粉	小さじ1/2

作り方

❶ もやしは洗って水けをきっておく。豚肉は4cmの長さに切る。
❷ 小鍋に湯を沸かし、火を止めて豚肉を入れる(煮立たせない)。色が変わったら氷水で冷まし水けをきる。
❸ フライパンにごま油小さじ2を熱し、もやしをサッと炒める。
❹ ②の豚肉を炒め合わせ、「合わせた**A**」をかき混ぜてから加え、全体にからめる。
❺ 器に盛り付け、ごま油小さじ1と粗挽き黒こしょうをふりかける。

エネルギー **394**kcal
食塩相当量 **1.2**g
1人分

塩は使わずめんつゆで味付け
レモンで風味アップ

レシピ提案/Elly'sさん

豚肉のやわらかさとうまみが抜群！

とろり豚肉とキャベツの治部煮風

エネルギー **339** kcal
食塩相当量 **1.2** g
1人分

材料 2人分

- 豚バラ肉（薄切り） 160g
- キャベツ 4枚（120g）
- めんつゆ（濃縮2倍） 大さじ2
- 水 ½カップ
- 片栗粉 小さじ1
- わさび 適量

★付け合わせ
- にんじん 適宜
- オクラ 適宜

作り方

1. 鍋にざく切りにしたキャベツ、めんつゆ、水を入れてふたをし、キャベツがやわらかくなるまで煮る。
2. 豚肉を一口大に切ってポリ袋に入れ、片栗粉を加えてもむ。
3. ①の鍋に②の豚肉を加える（片栗粉が水分を吸うので手早く火を通す）。
4. 器に盛り付けたらわさびを添える。お好みでゆでたにんじんやオクラなどを付け合わせる。

塩は使わずめんつゆで味付け

レシピ提案／朝まとさん

大根にも豚肉のうまみがじんわり

豚肉と大根の さっぱり煮

エネルギー **272** kcal
食塩相当量 **1.3** g
1人分

材料 2人分

豚肉（こま切れ）	180g
酒	小さじ1
大根	¼本
片栗粉	大さじ½
サラダ油	小さじ1
A ｛ 水	大さじ5
穀物酢	大さじ2
しょうゆ	大さじ1
酒	大さじ1
はちみつ	大さじ1
にんにく（すりおろし）	1片分
万能ねぎ（小口切り）	大さじ1

作り方

❶ 大根は4〜5mm厚さのいちょう切りにし、耐熱容器に入れて電子レンジ（600W）で2分加熱する。
❷ 豚肉は酒で下味をつけ、片栗粉をまぶす。
❸ フライパンにサラダ油を熱し、②を炒める（最初はあまりさわらない）。
❹ 豚肉の色が変わってきたら大根を加え、さらに炒める。
❺ ④に「合わせたA」を加え、ふたをして弱火で煮汁がなくなるまで15分ほど煮る。
❻ 大根に竹串を刺し、スッと通ったら器に盛り、万能ねぎをちらす。

にんにくで風味アップ

お酢で塩気アップ

レシピ提案／りょーーーこさん

まろやかなのに辛みがきいていておいしい

ピリッとクリーミー冷しゃぶ

エネルギー **384**kcal
食塩相当量 **1.6**g
1人分

しょうゆは使わず めんつゆで味付け

お酢で塩気アップ

レシピ提案／ブラックウノフさん

材料 2人分

- 豚肉（しゃぶしゃぶ用） …… 200g
- たれ
  - ホイップクリーム（植物性脂肪） …… 大さじ2
  - 牛乳 …… 大さじ2
  - めんつゆ（濃縮2倍）… 大さじ2と1/2
  - 穀物酢 …… 小さじ2
  - すりごま（白） …… 大さじ2
  - にんにく（すりおろし） …… 小さじ1/2
  - ラー油 …… 2～4滴
- きゅうり …… 1本
- レタス …… 3～5枚

作り方

1. 豚肉は沸騰したお湯でサッとゆでる。肉のピンクの部分がなくなったらすぐにざるにあげ、そのまま冷ます。
2. **たれ**を作る。ホイップクリーム、牛乳、めんつゆを器に入れて混ぜ、酢を加えてしっかり混ぜる。さらにすりごま、にんにく、ラー油を入れ、よく混ぜる。
3. きゅうりはピーラーで縦に薄切りにし、包丁で長さを半分に切る。
4. 器にレタス、きゅうりの順に盛り付け、その上に冷めた豚肉をのせる。たれは食べるときにかける。

※写真は、飾りにくし形に切ったミニトマト使用。

豚肉のソテーにマッシュソースが抜群に合う

厚切り豚の
ソースソテー

エネルギー **475**kcal
食塩相当量 **1.5**g
1人分

お酢で塩気アップ

しょうゆは使わずめんつゆで味付け

焼き色をつけて香ばしく

レシピ提案／ブラックウルフさん

材料 2人分

豚ロース肉（とんかつ用）	2枚（240g）
砂糖	小さじ1
穀物酢	大さじ1
たれ ウスターソース	大さじ1
たれ 穀物酢	大さじ2
じゃがいも	小2個
ゆで卵	1個
A 豆乳	大さじ4
A 穀物酢	大さじ1
A めんつゆ（濃縮2倍）	大さじ1
A オリーブオイル	小さじ1
にんにく（薄切り）	1片分
サラダ油	小さじ1

作り方

❶ 豚肉は筋切りをし、包丁の背などでたたいて、1.5倍くらいに伸ばす。

❷ ①に砂糖をすり込みバットに入れ、酢をかけて全体になじませる。ぴったりとラップをして、冷蔵庫で30分〜1時間休ませる。

❸ マッシュソースを作る。じゃがいもはやわらかくなるまで加熱（ゆでるか電子レンジにかける）し、マッシュ状にする。

❹ 「合わせたA」に③のじゃがいもを加え、よく混ぜ、みじん切りにしたゆで卵を加えてさらによく混ぜる（水分がたりなければ豆乳〈材料外〉で調整する）。

❺ フライパンにサラダ油を熱し、水分を軽くきった豚肉、にんにくを入れ、両面をこんがりと焼く。

❻ 肉に火が通ったら「合わせたたれ」を入れ、たれが少し残る程度まで焼く。

❼ お好みの大きさに切って器に盛り、フライパンのたれをかけ、④のマッシュソースをのせる。

※写真は、飾りにみじん切りにしたパセリ使用。

作り方がとっても簡単な食卓の主役!
豚肉の酢味噌炒め

材料 2人分

豚肩ロース肉		200g
サラダ油		小さじ2
調味料	穀物酢	小さじ2
	みそ	小さじ4
	酒	小さじ2
	砂糖	大さじ1

作り方

❶ 「合わせた**調味料**」を豚肉にもみ込んで冷蔵庫に入れておく。
❷ フライパンにサラダ油を熱し、①の豚肉を炒める。
　※薄切り肉でなく、厚みのある肉で作ってもよい。
　※写真は、飾りにせん切りにしたキャベツとくし形に切ったトマト使用。

エネルギー **336**kcal
食塩相当量 **1.6**g
1人分

お酢で塩気アップ

レシピ提案／朝まとさん

ほのかな酸味がたまらない
豚肉の香味酢焼き

材料 2人分

豚肉（薄切り）	250g	小麦粉	大さじ1
穀物酢 小さじ1		サラダ油	小さじ1

調味料
- 穀物酢 …… 小さじ1
- しょうゆ …… 小さじ1と½
- 本みりん … 小さじ2
- にんにく（すりおろし） …… 小さじ¼

作り方

❶ 豚肉を広げ、小麦粉を薄くふるう。
❷ フライパンにサラダ油を熱し、①の豚肉が重ならないように並べ、焼き色をつける。
❸ 「合わせた**調味料**」を回し入れ、汁がトロッとしたら完成。
　※写真は、飾りにリーフレタスとくし形に切ったミニトマト使用。

エネルギー **281**kcal
食塩相当量 **0.8**g
1人分

焼き色をつけて香ばしく

お酢で塩気アップ

レシピ提案／〜kei〜さん

みんなが大好きなカルビの焼き肉
簡単牛カルビ
ぽん酢焼き

エネルギー
689kcal
食塩相当量
1.6g
1人分

材料 2人分

牛肉（焼肉用）	300g
たれ ぽん酢しょうゆ	大さじ2
にんにく（すりおろし）	1片分
はちみつ	小さじ2
酒	小さじ½
ごま油	大さじ1
こしょう	少々
サラダ油	小さじ1
★トッピング	
いりごま（白）	適量
万能ねぎ	適量

作り方

❶「合わせた**たれ**」に牛肉を入れ、軽く混ぜて15分ほどおく。

❷ フライパンにサラダ油を入れ、軽くペーパータオルで拭き取って熱し、①の肉の汁けを軽くきってから並べる。残ったたれに取っておく。

❸ 中火で肉の表面に軽く焼き色がつくまで2分ほど焼く。裏返して同じように焼く。

❹ ③に②で残った漬け汁を加え入れ、火を少し強めて20〜30秒加熱する。器に盛り、お好みで白ごまと小口切りにした万能ねぎをちらす。

しょうゆは使わず
ぽん酢しょうゆで味付け

ごまで
風味アップ

レシピ提案／フォレストヒルさん

野菜のシャキシャキした食感を残すのがコツ

肉・野菜モリモリぽん炒め

エネルギー **352** kcal
食塩相当量 **1.5** g
1人分

材料 2人分（写真は1人分）

牛ひき肉	200g
ピーマン	4個
たまねぎ	小1個
にんじん	1/8本
サラダ油	大さじ1と1/3
にんにく（つぶす）	1片分
しょうが（すりおろし）	1片分
ぽん酢しょうゆ	大さじ2

作り方

1. 野菜はやや太めのせん切りにする。
2. フライパンに大さじ1のサラダ油を入れ、にんにく、しょうがを入れて弱火にかけ、香りを出す。
3. 強火にしてから牛ひき肉を入れ、色が変わるまで炒め、いったん皿に取り出しておく。
4. サラダ油大さじ1/3をたし、にんじんを入れて30秒、ピーマンを入れて1分、たまねぎを入れてさらに1分炒める。
5. 火を止めて牛ひき肉をフライパンに戻し、ぽん酢しょうゆを入れて強火で炒める。

にんにくとしょうがで風味アップ

しょうゆは使わずぽん酢しょうゆで味付け

レシピ提案／hawaiipineさん

シナモンの香りが口いっぱいに広がる
かぼちゃの牛肉巻き シナモン＆ぽん酢焼き

エネルギー **558**kcal
食塩相当量 **1.5**g
1人分

材料 2人分
- 牛肉（薄切り） 200g
- かぼちゃ ¼個
- 小麦粉 15〜20g
- サラダ油 大さじ1
- 酒 大さじ1
- ぽん酢しょうゆ 大さじ2
- シナモンパウダー 2ふり(0.3g)

作り方
❶ かぼちゃは10等分の薄切りにして、サッと水で濡らしておく。
❷ シリコンスチーマーに並べ、電子レンジ（600W）で2分30秒ほど（竹串がすんなり通るまで）加熱する。
❸ 牛肉を広げ、茶こしなどで薄く小麦粉をふり、❷のかぼちゃに牛肉を巻きつけてバットに並べる。全体にも軽く小麦粉をふる。
❹ フライパンにサラダ油を熱し、❸の牛肉の巻き終わりを下にして並べ、焼き色がつくまで中火で焼き、ひっくり返す。
❺ 酒を全体にふりかけ、ふたをして弱火で約3分蒸し焼きにする。
❻ ふたを外して中火に戻し、ぽん酢しょうゆとシナモンパウダーを全体にふりかけてからめる。

しょうゆは使わずぽん酢しょうゆで味付け

シナモンで風味アップ

レシピ提案／sachi825さん

かぼちゃに牛肉のうまみがたっぷりしみ込んだ
牛肉かぼちゃ

材料 2人分
かぼちゃ	300g
牛もも肉（薄切り）	200g
しょうが（すりおろし）	1片分

調味料
水	1カップ
砂糖	大さじ2
酒	大さじ2
本みりん	大さじ1
めんつゆ（濃縮2倍）	大さじ2

作り方
1. かぼちゃと牛肉を一口大に切る。
2. 鍋にかぼちゃと「合わせた**調味料**」を入れて火にかける。沸騰したら落としぶたをして弱火にし、やわらかくなるまで火を通す（10分ほど）。
3. 牛肉としょうがを加え、煮立ったらアクを取って5分ほど煮込む。

※かぼちゃが崩れやすいため、途中あまりかき混ぜずに鍋をゆすりながら箸で返す感じにするとよい。

エネルギー 386kcal
食塩相当量 1.2g
1人分

しょうゆは使わず めんつゆで味付け

しょうがで風味アップ

レシピ提案／わらしさん

しょうがの風味がよくきいていて、しっかりした味付け
牛肉のお酢炒め

材料 2人分
牛肉（切りおとし）	160g
片栗粉	大さじ1
ごま油	大さじ½
いりごま（白）	大さじ½
万能ねぎ（小口切り）	5g

A
穀物酢	大さじ2
砂糖	大さじ1
しょうゆ	大さじ1
しょうが（すりおろし）	5g

作り方
1. 牛肉に片栗粉をまぶす。
2. フライパンにごま油を熱し、①の牛肉を入れる。中火で焦がさないように両面を焼く。「合わせた**A**」を加える。
3. 牛肉にたれがからんだら器に盛り、いりごまと万能ねぎをちらす。

お酢で塩気アップ

しょうが、いりごま、万能ねぎで風味アップ

エネルギー 333kcal
食塩相当量 1.4g
1人分

レシピ提案／えみまふぃんさん

ソースに入れたいちごジャムが隠し味!
お酢を使ったやわらか牛ステーキ

エネルギー
655kcal
食塩相当量
1.5g
1人分

お酢で塩気アップ

レシピ提案/フォレストヒルさん

材料 2人分（写真は1人分）

牛肉（ステーキ用）	300g
塩	ひとつまみ（0.2g）
こしょう	少々
穀物酢	大さじ4
サラダ油	小さじ1
たまねぎ（みじん切り）	½個分
にんにく（薄切り）	1片分
ワイン（赤）	大さじ3
しょうゆ	大さじ1
いちごジャム	小さじ1〜1と½
本みりん	小さじ1

作り方

❶ 牛肉に酢大さじ1をぬり、塩とこしょうをふり、30分ほどおく。

❷ フライパンにサラダ油を入れ、余分な油をペーパータオルで拭き取って熱し、①の牛肉を入れ、片面2分ずつ強火で焼く。

❸ 中火にして焦がさないようにふたをして3分ほど焼き、1分ほど蒸らしたら、肉は皿に移す。

❹ ③のフライパンにたまねぎを入れ、半透明になるまで2分ほど炒めたら、にんにくを加える。

❺ たまねぎがきつね色になったらワイン、しょうゆ、酢大さじ3、いちごジャム、みりんを加える。

❻ 焦がさないように注意しながら⑤の量が半分くらいになるまで2〜3分煮詰める（たまねぎが多く見えてくるまで）。

❼ ③の牛肉を⑥に入れ、サッとからめたら皿に盛り付ける。

※写真は、飾りでマッシュポテト、ベビーリーフ、くし形に切ったトマト使用。

めんつゆとみそベースのマーボー
和風マーボーナス

エネルギー
272 kcal
食塩相当量
1.4 g
1人分

かつお節と青じそで
風味アップ

しょうゆは使わず
めんつゆで味付け

レシピ提案／yukanosukeさん

材料 2人分

合びき肉	80g
なす	2本
厚揚げ	½枚(100g)
A 長ねぎ(みじん切り)	大さじ½
A しょうが(みじん切り)	小さじ1
A ごま油	大さじ1
B みそ	小さじ⅔
B めんつゆ(濃縮2倍)	大さじ2
B 水	½カップ
★水溶き片栗粉	
片栗粉	小さじ1
水	小さじ1
七味とうがらし	小さじ¼
かつお節	4g
青じそ	6枚

作り方

❶ なすは乱切りにする。厚揚げに湯をかけて油を落とし、1cm角程度に切る。

❷ フライパンに「合わせたA」を入れ、香りが出るまで弱火で炒める。中火にし、ひき肉を入れて炒める。

❸ ②に①のなすと厚揚げを入れ、油をいきわたらせる。

❹ ③に「合わせたB」を入れ、煮立ったら**水溶き片栗粉**を加えてとろみをつける。

❺ 器に盛り、七味とうがらしをふり、かつお節とせん切りにした青じそをのせる。

葉ものやライスペーパーに包んだり、ご飯にかけても

豆とひき肉の豆板醬炒め

エネルギー
310 kcal
食塩相当量
1.6 g
1人分

お酢で塩気アップ

豆板醬、にんにくしょうがで風味アップ

レシピ提案／ducksoupさん

材料　2人分

合びき肉	160g
ミックスビーンズ（缶詰）	1缶（100g）
ごま油	小さじ2

★水溶き片栗粉
- 片栗粉 …… 小さじ½
- 水 …… 小さじ1と½

A
- 豆板醬（トウバンジャン） …… 小さじ1
- にんにく（みじん切り） …… 小さじ½
- しょうが（みじん切り） …… 小さじ½

B
- 穀物酢 …… 大さじ2
- 砂糖 …… 大さじ1
- しょうゆ …… 小さじ2

作り方

❶ フライパンにごま油を熱し、**A**の材料を香りが出るまで炒める。

❷ ①にひき肉を加えて肉の色が変わるまで炒め、ミックスビーンズと「合わせた**B**」を加え、さらに炒める。

❸ ②に水溶き片栗粉を回し入れ、手早く全体にからめる。

※お好みで、葉物（写真はレタス）やライスペーパーに包んだり、ごはんにかけたりしていただく。

れんこんのシャキシャキした食感を残した
れんこんバーグ
野菜たっぷりソース

エネルギー **358** kcal
食塩相当量 **1.7** g
人分

しょうゆは使わず
ぽん酢しょうゆで味付け

青じそで
風味アップ

レシピ提案／春夏ママさん

材料 2人分（写真は1人分）

合びき肉	160g
れんこん	80g
たまねぎ	中1/2個（75g）
パン粉	1/2カップ
牛乳	大さじ1
溶き卵	1/2個分
粗塩	小さじ1/4
サラダ油	小さじ1/2

ソース
- にんじん（すりおろし） 1/2本分（75g）
- たまねぎ（すりおろし） 1/2個分（75g）
- ぽん酢しょうゆ 大さじ1
- 砂糖 小さじ1
- 酒 小さじ1
- 水 1/2カップ

青じそ ……… 2枚

作り方

① ソースの材料を鍋に入れて火にかけ、10〜15分ほど煮込む。

② ハンバーグを作る。たまねぎをみじん切りにし、フライパンにサラダ油を熱して透き通るまで炒め、皿に出して冷ましておく。

③ れんこんは粗いみじん切りにし、パン粉は牛乳に浸す。

④ 大きめのボウルに合びき肉と粗塩を入れ、粘りが出るまで混ぜる。そこに②のたまねぎ、③のれんこんとパン粉、卵を加えてよくこねる。

⑤ フライパンを熱し、④を小判形に丸め、中央を少しくぼませて焼く（フッ素樹脂加工でなければ油〈材料外〉をひく）。

⑥ 焦げ目がついたら裏返し、ふたをして焼きあげる。器に盛り付け、①のソース、せん切りにした青じそをのせる。

※写真は、飾りでミニトマトとゆでたブロッコリー使用。

ほど塩レシピ

魚介で主菜

鮭ときのこのバターソテー

にんにく風味で食がすすむ！

エネルギー 248 kcal
食塩相当量 1.6 g
1人分

材料 2人分（写真は1人分）

- 生鮭（切り身） ……… 2切れ
- こしょう ……… 少々（0.1g）
- 薄力粉 ……… 大さじ1
- エリンギ ……… 1本
- しめじ ……… 1パック
- にんにく（薄切り） ……… 1片分
- バター ……… 5g
- オリーブオイル ……… 小さじ2
- ワイン（白）または酒 ……… 大さじ2
- ぽん酢しょうゆ ……… 大さじ2
- 青じそ ……… 4枚

作り方

1. 鮭は両面に軽くこしょうをふり、薄力粉をまぶす。エリンギは一口大に切り、しめじは小房に分ける。
2. フライパンにバターとオリーブオイルを熱し、①の鮭を入れ、空いたところににんにくときのこ類も入れてこんがりと焼く。
3. 鮭が両面こんがりと色づくまで焼けたら（4〜5分）、皿に盛り付ける。
4. きのこが残ったフライパンに白ワイン（または酒）を入れて煮立て、ぽん酢しょうゆを加えて混ぜ、ソースを作る。
5. ④のソースを③の鮭にかけ、せん切りにした青じそをちらす。

※写真は、きのこの上に鮭を盛りつけた例。

青じそで風味アップ

焼き色をつけて香ばしく

しょうゆは使わずぽん酢しょうゆで味付け

レシピ提案／うさぎのシーマさん

野菜のシャキシャキ感を残すのがコツ

鮭と野菜の甘酢炒め

エネルギー **270**kcal
食塩相当量 **1.6**g
1人分

材料 2人分
- 生鮭（切り身） ……… 2切れ
- ピーマン ……… 2個
- たまねぎ ……… ½個
- にんじん ……… ¼本
- 片栗粉 ……… 小さじ2
- ごま油 ……… 大さじ1
- 甘酢
  - ぽん酢しょうゆ ……… 大さじ2
  - 砂糖 ……… 大さじ1
  - 水 ……… ¼カップ

作り方
1. たまねぎ、ピーマンは一口大に切る。にんじんはいちょう切りにする。
2. 鮭の骨と皮を取り除いて4～5等分ずつに切り分け、片栗粉をまぶす。
3. フライパンにごま油を熱し、②の鮭を並べて強めの中火で焼く。裏返してふたをし、弱火で蒸し焼きにする。
4. ①の野菜を加えて強めの中火で炒める。
5. 鮭と野菜に火が通ったら、「合わせた**甘酢**」を回し入れ、全体にからめる。

しょうゆは使わずぽん酢しょうゆで味付け

レシピ提案／meg526さん

香ばしい鮭にまろやかなあんが合う

鮭のから揚げ 和風あんかけ

エネルギー **318** kcal
食塩相当量 **1.3** g
1人分

しょうゆは使わず めんつゆで味付け

すだちや柚子で 風味アップ

レシピ提案／海 沙さん

材料 2人分

- 生鮭（切り身） …………… 2切れ
- 酒 ……………………… 小さじ2
- こしょう ……………… 少々（0.1g）
- 小麦粉 ………………… 大さじ1と½
- 揚げ油 …………………… 適量
- たまねぎ ………………… ½個
- ピーマン ………………… ½個
- 赤パプリカ ……………… ½個
- 黄パプリカ ……………… ½個
- ごま油 …………………… 小さじ1
- めんつゆ（濃縮2倍） …… 大さじ2
- 本みりん ………………… 小さじ2
- 水 ………………………… ¾カップ

★水溶き片栗粉
- 片栗粉 … 小さじ2　水 … 大さじ1
- すだちまたは柚子（果皮） ……… 適量

作り方

1. 鮭は皮と目立つ骨を外し、1切れを3～4等分の食べやすい大きさに切る。酒とこしょうをもみ込んで10分ほどおく。たまねぎ、ピーマン、パプリカはせん切りにする。
2. ①の鮭に小麦粉をまぶし、170℃の油でカラリと揚げ、油をきる。
3. フライパンにごま油を熱し、①の野菜をしんなりするまで炒め、めんつゆ、みりん、水を加えて煮る。沸騰したら**水溶き片栗粉**を加えてとろみをつける。
4. 器に鮭のから揚げを盛り付け、③のあんをかける。仕上げにすだちや柚子の皮を刻んだものをのせる。

※お好みで酢をかけるのもおすすめ。

とろ〜りとした温泉卵が鮭にのった

鮭のムニエル 半熟卵ソース

エネルギー **214**kcal
食塩相当量 **1.2**g
1人分

しょうゆは使わず ぽん酢しょうゆで味付け

こしょうで 風味アップ

レシピ提案／mogomさん

材料 2人分（写真は1人分）

生鮭（切り身）	200g
温泉卵	1個
塩	0.5g
こしょう	0.5g
小麦粉	20g
ぽん酢しょうゆ	大さじ1

作り方

❶ 鮭を軽く洗い、水けを拭く。塩とこしょうをし、小麦粉をつけて余分な粉を落とす。

❷ フライパンにサラダ油（材料外）を熱し、鮭を焼く。焼き目がついたらひっくり返してふたをし、弱火で蒸し焼きにする。

❸ 器に盛り、鮭の上に温泉卵をのせ、ぽん酢しょうゆをかける。

※写真では、飾りにベビーリーフ使用。

ソースの味がしっかり際立っている

ぶりの
ヴィネグレットソース

エネルギー **534** kcal
食塩相当量 **1.4** g
1人分

塩は使わず
めんつゆで味付け

お酢で
塩気アップ

焼き色をつけて
香ばしく

しょうがで
風味アップ

レシピ提案／santababyさん

材料 2人分 (写真は1人分)

ぶり（切り身）	2切れ
しょうが（すりおろし）	1片分
小麦粉	少々
マヨネーズ	大さじ2
たまねぎ	½個
トマト	1個
青じそ	10枚
調味料 穀物酢	大さじ2
オリーブオイル	大さじ2
めんつゆ（濃縮2倍）	大さじ2

作り方

❶ ポリ袋にぶりとしょうがを入れる。ぶりの両面にしょうがをまんべんなくつけ、軽くもみ込み空気を抜いておいておく。

❷ たまねぎは薄切りにして水にさらしたら軽くしぼって水けをきる。トマトは種を取り角切りにする。青じそはせん切りにする。

❸ 「合わせた**調味料**」に②の野菜を加えて混ぜ、冷蔵庫に入れる。

❹ ①のぶりのしょうがを取り除き、小麦粉をまぶす。フライパンにマヨネーズを温め溶けてきたら、ぶりを入れてソテーする。

❺ フライパンの中でぶりがスルスルと動くようになったら裏返し、両面色よく焼く。

❻ ぶりに火が通ったら器に盛り、③をかける。

風味豊かなソースがぶりを引き立てる

ぶりの ねぎ香味ソース

エネルギー **296** kcal
食塩相当量 **1.3** g
1人分

しょうがとねぎで風味アップ

お酢で塩気アップ

ンシピ提案／りょーーーこさん

材料 2人分

- ぶり（刺身用） ………… 180g
- 片栗粉 ………………… 大さじ1
- サラダ油 ……………… 大さじ½
- 調味料
  - しょうゆ …………… 大さじ1
  - 穀物酢 ……………… 大さじ1
  - 砂糖 ………………… 大さじ½
  - 長ねぎ（みじん切り） …… 8cm分
  - しょうが（みじん切り） …… 1片分
- ★トッピング
  - 長ねぎ（白髪ねぎ） …… 8cm分
  - 万能ねぎ（小口切り） …… 大さじ1

作り方

1. トッピング用の長ねぎ（白髪ねぎ）は冷水に浸し、冷蔵庫で冷やしておく。
2. ぶりに片栗粉をまぶす。フライパンにサラダ油を熱し、ぶりの両面を焼く。
3. ぶりに火が通ったら火を止め、ペーパータオルでフライパンの脂を拭き取る。
4. ③に「合わせた**調味料**」を入れ、再び火をつけてたれがからんだら皿に盛り付け、万能ねぎをちらし、白髪ねぎをのせる。

にんにくのコクと酢の酸味が絶妙にマッチ

ぶりのにんにく酢醤油焼き

エネルギー **326**kcal
食塩相当量 **1.4**g
1人分

材料 2人分 (写真は1人分)

ぶり（切り身）	2切れ
小麦粉	小さじ2
サラダ油	小さじ1
万能ねぎ（小口切り）	1本分
調味料1 酒	大さじ1
にんにく（すりおろし）	小さじ½
しょうが（すりおろし）	小さじ½
調味料2 穀物酢	大さじ1
しょうゆ	大さじ1
本みりん	大さじ1

作り方

❶ ぶりを「合わせた**調味料1**」に5〜10分ほど漬けておく。

❷ ①のぶりの汁けを拭き取って、小麦粉をまぶす。フライパンにサラダ油を熱し、ぶりを入れて中火で2〜3分焼く。

❸ ぶりに焼き色がついたらひっくり返し、ふたをして3〜4分蒸し焼きにする。火が通ったら一度取り出す。

❹ フライパンに「合わせた**調味料2**」を入れ、中火で2〜3分煮詰める。とろみが出たら、ぶりを戻してからめる。

❺ 器にぶりを盛り付け、万能ねぎをのせる。

お酢で塩気アップ

ねぎで風味アップ

レシピ提案／140cmわんたるママさん

煮汁をたっぷり吸ったぶりとごぼうが美味

めんつゆで作る
ぶりの煮物

エネルギー
436kcal
食塩相当量
1.4g
1人分

材料 2人分

ぶり（切り身）	2切れ
ごぼう	1本
長ねぎ	1本
めんつゆ（濃縮2倍）	小さじ1（下味用）
サラダ油	大さじ1

A
- めんつゆ（濃縮2倍） … 大さじ2
- 本みりん … 大さじ2
- 水 … ½カップ
- しょうが（すりおろし）… 小さじ½

作り方

❶ ぶりの切り身を一口大にカットして、ポリ袋に下味用めんつゆと一緒に入れて空気を抜き、おいておく。ごぼうはささがきにする。

❷ 長ねぎの白い部分を4cmくらいにカットして斜めに切り込みを入れる（青い部分も取っておく）。フライパンにサラダ油大さじ½を熱し、ねぎを入れて焼き色をつける。

❸ ②を耐熱皿に移してラップをフワッとかけ、電子レンジ（600W）で1分加熱する。

❹ ②のフライパンにサラダ油大さじ½を熱し、①のぶりの両面に焼き色をつける。

❺ ④に①のごぼう、③の長ねぎ、「合わせたA」を加え、弱火にして落としぶたをして10分煮込む。

❻ 落としぶたを取り、煮汁をとばすように5分ほど煮込む。器に盛り付け、斜め切りにした青い部分のねぎを飾る。

塩としょうゆは使わず
めんつゆで味付け

しょうがで
風味アップ

レシピ提案／moritoarucさん

ねぎとにんにくで風味アップ

しょうゆは使わずぽん酢しょうゆで味付け

レシピ提案／yukanosukeさん

塩は使わずめんつゆで味付け

お酢で塩気アップ

レシピ提案／キョクさん

ふんわり卵が成功の秘訣
えびと卵のチリソース風

エネルギー **249**kcal
食塩相当量 **1.5**g
1人分

材料 2人分
- えび ……………… 130g
- 小麦粉 ……… 大さじ1
- ごま油 ……… 大さじ2
- 卵 ………………… 1個
- A
  - 長ねぎ（みじん切り）……… 大さじ1
  - にんにく（みじん切り）……… 小さじ½
- B
  - 豆板醤 ……… 小さじ½
  - ぽん酢しょうゆ ……… 小さじ2
  - トマトケチャップ ……… 大さじ2
  - 砂糖 ……… 小さじ½
  - 水 ……… ½カップ
- ★水溶き片栗粉
  - 片栗粉 ……… 大さじ½
  - 水 ……… ¼カップ

作り方
1. 殻をむいたえびに小麦粉をまぶす。
2. フライパンにごま油大さじ1を熱し、よく溶いた卵をふんわり炒め、器に取り出す。
3. フライパンにごま油大さじ1を熱し、弱火にしてAを炒め、香りを出す。
4. ③に①のえびを入れ、中弱火にして焼き色がつくように炒める。
5. ④に合わせたBを入れる。一煮立ちしたら**水溶き片栗粉**を加えてとろみをつける。
6. ②の卵を入れてすぐに火を止める。器に盛り付ける。残ったたれもきれいに盛りつける。

※写真は、飾りにパクチー使用。パセリも合う。

黒こしょうがピリリときいた
イカソテートマトソースがけ

エネルギー **311**kcal
食塩相当量 **1.7**g
1人分

材料 2人分
- いか ……………… 2杯
- 粗挽き黒こしょう ……… 小さじ½
- 小麦粉 ……… 大さじ2
- オリーブオイル ……… 大さじ2
- トマト ……………… 3個
- たまねぎ ……………… ¾個
- A
  - 水 ……… ½カップ
  - 穀物酢 ……… 大さじ1
  - 粗挽き黒こしょう ……… 小さじ½
  - 砂糖 ……… 大さじ½
- ローリエ ……………… 2枚
- めんつゆ（濃縮2倍）……… 大さじ1と½
- バジル（乾燥）……… 小さじ2

作り方
1. たまねぎはみじん切りにする。トマトは皮を湯むきして種を取り、粗く刻む。
2. フライパンにオリーブオイル大さじ1を熱し、たまねぎが透き通るまで炒める。さらにトマトを加えて炒める。
3. ②に「合わせたA」とローリエを加えてじっくり煮詰める。
4. 煮詰まってほとんど水分がなくなったら、めんつゆとバジル（乾燥）を加えて大きく混ぜる。
5. いかは皮と内臓を取り除く。水で軽く洗って、ペーパータオルで水分を拭き取り、食べやすく切り、黒こしょうと小麦粉をまぶす。
6. フライパンにオリーブオイル大さじ1を熱し、⑤のいかを炒める。火が通ったら、すぐに火を止める。
7. ⑥のいかを器に盛り付け、④のソースをかける。

※写真は、飾りにバジル使用。

ほど塩レシピ
副菜

仕上げのかつお節でうまみアップ！

ごぼう、にんじん、れんこん おかかきんぴら

エネルギー 129 kcal
食塩相当量 0.6 g
1人分

材料 2人分
- ごぼう ……………………… 1/3本
- にんじん …………………… 1/4本
- れんこん …………………… 1/4節
- サラダ油 …………………… 大さじ1
- 砂糖 ………………………… 大さじ1
- 水 …………………………… 大さじ2
- めんつゆ（濃縮2倍）……… 大さじ1
- かつお節 …………………… 5g

作り方
1. ごぼうとにんじんは縦半分に切り、切った面を下にして、さらに斜めに切る。れんこんは半月に切って、さらに3mm厚さの食べやすい大きさにする。
2. フライパンにサラダ油を熱し、中火にしてごぼうを入れて1分、にんじんを追加して1分、れんこんを追加して1分炒める。
3. 砂糖と水を入れて弱火にし、ふたをして5分ほど蒸し煮にする。
4. 野菜に火が通り、水分がとんでパチパチという音がしはじめたら、ふたを取ってめんつゆを加え、強火にして炒める。
5. 火を止めてかつお節をまぶす。

かつお節で風味アップ

塩としょうゆは使わずめんつゆで味付け

レシピ提案／hawaiipineさん

モチモチの食感がたまらない！
豆腐とレンコンの
ピリ辛あんかけ饅頭

エネルギー **142**kcal
食塩相当量 **0.5**g
1人分

材料 2人分（写真は1人分）

豆腐	100g
れんこん	100g
しょうが（すりおろし）	2g（小さじ⅓）
青じそ	2枚
糸とうがらし	少々
ごま油	大さじ1
A 片栗粉	10g
酒	3㎖
B にんにく（すりおろし）	1g
ぽん酢しょうゆ	小さじ2
片栗粉	2g（小さじ⅔）
水	¼カップ

作り方

❶ れんこんはすりおろし、豆腐、しょうが、Aをボウルに入れ、ゴムベラなどでしっかり混ぜる。
❷ ①のタネを6等分にして、ラップで1つずつ包み、電子レンジ（600W）で1分30秒加熱する。
❸ フライパンにごま油を熱し、②のタネを入れて焼き色をつける（片面にれんこんの薄切りを入れてもいい）。
❹ ③を器に盛り付ける。③のフライパンに「合わせたB」を入れ、熱してあんを作る。
❺ 饅頭に④のあんをかけ、せん切りにした青じそと糸とうがらしをのせる。

焼き色をつけて香ばしく

しょうゆは使わずぽん酢しょうゆで味付け

しょうがやにんにくで風味アップ

レシピ提案／moritoarucさん

お酢で塩気アップ

レシピ提案／yukanosukeさん

旬の野菜で自由にアレンジ
ロースト野菜にチーズディップ

エネルギー **136**kcal
食塩相当量 **0.2**g
1人分

材料 2人分

かぼちゃ	100g
れんこん	70g
ミニトマト	6個
クリームチーズ	大さじ½(10g)

A
マヨネーズ	大さじ1
牛乳	大さじ1
穀物酢	小さじ1
黒こしょう	少々(0.1g)
砂糖	小さじ½

作り方

① かぼちゃとれんこんは5mmほどの厚さに切る。れんこんは切った後、酢水〈材料外〉に5分ほどさらし、水けを拭く。ミニトマトは破裂させないために、切り込みを入れる。

② クリームチーズは電子レンジ（600W）で10秒加熱してからAの材料と混ぜ合わせる。

③ かぼちゃとれんこんを260℃にしたオーブントースターで10分焼く。ミニトマトは8分くらいに。

④ 器に盛り付け、②のソースを添える。

※写真は、飾りに万能ねぎ使用。
※③をフライパン（フッ素樹脂加工）で焼く場合は、油を入れずに中火にしてかぼちゃとれんこんは5分ほど、ミニトマトは焼き目がつくまで焼く。

バジルをきかせてさわやかに
玉ねぎとトマトのマリネ

材料 2人分

| たまねぎ | ½個 |
| ミニトマト | 6個 |

マリネ液
穀物酢	小さじ2
オリーブオイル	小さじ1
塩	0.5g
バジル（乾燥）	小さじ⅓
黒こしょう	少々(0.1g)

作り方

① たまねぎは薄切りにし、耐熱容器に入れて電子レンジ（600W）で1分加熱する。ミニトマトは半分に切る。

② 「合わせたマリネ液」に①の野菜を入れ、冷蔵庫で冷やす。

レシピ提案／りょーーーこさん

ほのかなカレー風味のすっきり味
大豆のカレーマリネ

材料 2人分

大豆（缶詰・水煮）	60g
たまねぎ（みじん切り）	大さじ1(10g)
セロリ（みじん切り）	大さじ1(10g)

マリネ液
オリーブオイル	大さじ1
めんつゆ（濃縮2倍）	小さじ2
穀物酢	小さじ2
トマトケチャップ	小さじ1
プレーンヨーグルト	小さじ1
カレー粉	小さじ⅙
こしょう	少々

作り方

① たまねぎとセロリは「合わせたマリネ液」と混ぜる。さらに大豆を加えてよくあえ、1時間以上冷蔵庫で冷やす。

レシピ提案／soufflesさん

かぼちゃ、たまねぎ、パプリカを使った
カレー風味の野菜マリネ

材料 2人分

かぼちゃ	1/16個
たまねぎ	¼個
赤パプリカ	¼個

マリネ液
穀物酢	大さじ1
砂糖	大さじ½
レモン（果汁）	大さじ½
カレー粉	小さじ½
塩	0.5g

作り方

① かぼちゃ、たまねぎ、赤パプリカは薄切りにする。耐熱容器に入れてふんわりラップをかけ、電子レンジ（600W）で3分加熱する。

② 「合わせたマリネ液」をファスナー付き保存袋に入れ、①の野菜を加えて空気を抜き、しっかり口を閉じて半日漬ける。

レシピ提案／140cmわんたるママさん

エネルギー **37**kcal
食塩相当量 **0.5**g
1人分

お酢で塩気アップ

カレー粉で風味アップ

ローズマリーや粉マスタードで風味アップ

お酢で塩気アップ

エネルギー **63**kcal
食塩相当量 **0.1**g
1人分

カリフラワーをかためにゆでるのがコツ
カリフラワーのピクルス カレー風味

材料 2人分
		ピクルス液	
カリフラワー	1/4株	穀物酢	大さじ2
ミニトマト	4個	砂糖	大さじ1
		塩	小さじ1/6
		カレー粉	小さじ1/2

作り方
① カリフラワーは小房に分けて熱湯でサッとゆでる。ミニトマトは皮を湯むきする。
② 「合わせたピクルス液」と①の野菜をよく混ぜ、3時間〜半日漬け込む。

レシピ提案／わらしさん

ピリッとマスタードをきかせた締まった味
パプリカのハーブ風味ピクルス

材料 2人分
		ピクルス液	
赤パプリカ	1/2個	粒マスタード	小さじ1
黄パプリカ	1/2個	穀物酢	1/2カップ
ローズマリー(乾燥)		砂糖	大さじ1と1/2
	小さじ1	水	3/4カップ

作り方
① パプリカはへたと種を取り、縦に1cm幅に切る。
② 鍋にピクルス液を入れ、火にかける。砂糖が溶けて沸騰したら火を止め、ローズマリーと粒マスタードを入れる。
③ ②のピクルス液の粗熱が取れたら、パプリカを入れる。冷めたら保存容器に移し、一晩おく。

レシピ提案／mawaru7さん

粒マスタードで風味アップ

お酢で塩気アップ

エネルギー **27**kcal
食塩相当量 **0.1**g
1人分

バジルで風味アップ

お酢で塩気アップ

エネルギー **30**kcal
食塩相当量 **0.5**g
1人分

甘みがたりないときははちみつをかけて
バジル香るにんじんピクルス

材料 2人分

| にんじん | 小1本（130g） | バジル（乾燥） | 小さじ1/4 |
| 穀物酢 | 大さじ1と1/2 | はちみつ | 適宜 |

作り方

1. にんじんは食べやすい長さに切り、さらに縦長に1cm厚さくらいのくし形に切る。
2. ①のにんじんを深めの耐熱皿に重ならないように並べ、酢をかけてふんわりラップをし、電子レンジ（600W）で1分加熱する。
3. 一度取り出して軽く混ぜ、再度ラップをかけて20秒ほど様子を見ながら、やわらかくなるまで加熱する。やわらかくなったら取り出し、バジルをかける。甘みがたりないときは、はちみつをかけて。

レシピ提案／MI-RINさん

箸休めにおすすめのさっぱり味
きゅうりのハニーマスタードピクルス

材料 2人分

きゅうり		1本
ピクルス液	穀物酢	40ml
	水	40ml
	はちみつ	大さじ1/2
	粒マスタード	小さじ1/2
	粗塩	0.9g

作り方

1. 鍋に**ピクルス液**を入れ、一煮立ちさせる。
2. 空き瓶を用意し、その高さに合わせてきゅうりをスティック状に切る。
3. 空き瓶に、②のきゅうりと①の**ピクルス液**を入れ、ふたをして冷蔵庫に5〜6時間入れる。

レシピ提案／春夏ママさん

ヘルシーなネバネバ同士の組み合わせ
モロヘイヤと長芋のネバネバ和え

材料 2人分
モロヘイヤ	½束
長いも	30g
トマト	½個
かつお節	大さじ1

調味料
めんつゆ（濃縮2倍）	大さじ½
練りわさび	小さじ½

作り方
1. モロヘイヤは熱湯でサッとゆで、冷水に取る。よく水けをきってざく切りにする。トマトと長いもはサイコロ状に切る。
2. ボウルに①の野菜と**調味料**を合わせてよく混ぜる。
3. 器に盛り付け、かつお節をのせる。

わさびで風味アップ

エネルギー **32**kcal
食塩相当量 **0.4**g
1人分

しょうゆは使わず めんつゆで味付け

レシピ提案／AYA.CHIN*さん

しいたけの風味豊か
焼きしいたけの納豆和え

材料 2人分
しいたけ	60g
ごま油	小さじ¼
納豆	1パック（たれ不要）
練りからし	小さじ½
万能ねぎ（小口切り）	10g
かつお節	少々（0.1g）
穀物酢	小さじ1
めんつゆ（濃縮2倍）	小さじ1

作り方
1. しいたけは5mm程度の薄切りにする。フライパンにごま油を熱し、しいたけを香ばしく焼く。
2. ボウルに納豆、からし、万能ねぎ、かつお節を入れ、よく混ぜ合わせる。
3. ②のボウルに①のしいたけを加え、混ぜ合わせる。さらに酢とめんつゆを加えて全体をからめる。

お酢で塩気アップ

しょうゆは使わず めんつゆで味付け

エネルギー **62**kcal
食塩相当量 **0.3**g
1人分

レシピ提案／さとみわさん

食べる直前にすだちをしぼってさわやかに
ほうれん草としめじ、油揚げの風味和え

材料 2人分

ほうれん草	1/3束	めんつゆ（濃縮2倍）	
しめじ	50g		大さじ1
油揚げ	1/2枚	すだち	1個

作り方

① ほうれん草は沸騰した湯で1分ほどゆでて冷水に放し、水けをしぼって3cmの長さに切る。
② 耐熱皿にしめじをほぐし入れてラップをし、電子レンジ（600W）で1分30秒加熱し、そのまま冷ます。
③ 油揚げをグリル（またはフライパン）で薄く焼き色がつくまで焼き、1cm幅に切る。
④ ボウルに①〜③を入れ、めんつゆを加えてあえる。
⑤ 器に盛り付け、半分に切ったすだちを添える。

エネルギー **67**kcal
食塩相当量 **0.5**g
1人分

塩としょうゆは使わずめんつゆで味付け

すだちで風味アップ

レシピ提案／うさぎのシーマさん

好みに応じてにんじんのかたさは調整を
にんじんのさっぱりナムル

材料 2人分

にんじん		1本
調味料	穀物酢	大さじ2
	めんつゆ（濃縮2倍）	小さじ2
	にんにく（みじん切り）	1/2片分
	ごま油	大さじ1
	いりごま（白）	大さじ1

作り方

① にんじんは皮をむいてせん切りにする。
② 耐熱ボウルに①のにんじんと「合わせた**調味料**」を入れ、軽く混ぜる。ラップをして電子レンジ（600W）で3分ほど加熱し、粗熱を取って冷やす。

エネルギー **133**kcal
食塩相当量 **0.5**g
1人分

塩としょうゆは使わずめんつゆで味付け

お酢で塩気アップ

レシピ提案／フォレストヒルさん

味に深みを出す塩麹を使って
なすと香ばしネギの簡単和え

エネルギー **52**kcal
食塩相当量 **0.4**g
1人分

ごま油とごまで風味アップ

しょうゆは使わずめんつゆで味付け

レシピ提案／AYACHIN*さん

材料 2人分（写真は1人分）
なす	2本
長ねぎ	½本
ごま油	小さじ1
いりごま（白）	小さじ½
調味料 めんつゆ（濃縮2倍）	小さじ1
調味料 塩麹	小さじ½
調味料 しょうが（すりおろし）	小さじ½

作り方
❶ なすの皮をピーラーでむき、耐熱皿にのせて軽くラップをし、電子レンジ（500W）で5分加熱する。
❷ 長ねぎは5cmの長さに切ってから、縦に¼に切る。フライパンにごま油を熱し、ねぎを炒める。
❸ ①のなすの粗熱が取れたら、フォークで裂き、ガクの部分は切る。
❹ ボウルに③のなす、②のねぎ、「合わせた**調味料**」を入れて混ぜ、冷蔵庫で冷やす。
❺ 器に盛り付けて白ごまをふる。

トマトをたくさん食べられる
トマトのごまぽん和え

材料 2人分
ミディトマト	4個
A ぽん酢しょうゆ	小さじ1と1/2
A ごま油	小さじ1
A すりごま（白）	大さじ1

作り方
1. トマトはへたを取り、くし形に切る。
2. 「合わせたA」に①のトマトを加え、崩れないようにざっくりとあえる。

ごま油とごまで風味アップ

エネルギー **67** kcal
食塩相当量 **0.4** g
1人分

塩としょうゆは使わずぽん酢しょうゆで味付け

レシピ提案／〜kei〜さん

にんにくのきいたドレッシングが野菜を抜群においしくする
レタスと海苔のぽん酢和え

材料 2人分
レタス	1/6玉（100g）
たまねぎ	30g
焼きのり	1/2枚
A にんにく（すりおろし）	3g
A ぽん酢しょうゆ	大さじ1/2
A エクストラバージンオリーブオイル	大さじ1/2
A すりごま（白）	大さじ1

作り方
1. たまねぎはスライスする。10〜15分空気にさらしておくと辛みが和らぐ。レタスは食べやすい大きさにちぎる。
2. 「合わせたA」で①の野菜と細かくちぎった焼きのりをあえる。

しょうゆは使わずぽん酢しょうゆで味付け

ごまで風味アップ

エネルギー **70** kcal
食塩相当量 **0.4** g
1人分

レシピ提案／えみまふぃんさん

アボカドのまろやかさとトマトの酸味が合う

切って和えるだけ!
アボカドトマト

エネルギー
92 kcal
食塩相当量
0.4 g
1人分

にんにくで
風味アップ

お酢で
塩気アップ

レシピ提案／marimi5さん

材料 2人分（写真は1人分）

アボカド	½個
穀物酢	大さじ1
トマト	½個
A 白だし（市販）	小さじ1
にんにく（すりおろし）	小さじ¼
ごま油	小さじ½

作り方

❶ アボカドは皮をむき、一口大に切ってボウルに入れる。すぐに酢をふりかけてあえる。

❷ トマトは一口大に切る。①のボウルに「合わせたA」とトマトを入れてあえる。

お弁当にもビンごと持参

ジャーサラダ気分の酢の物

エネルギー **41**kcal
食塩相当量 **0.7**g
1人分

塩は使わず
めんつゆで味付け

お酢で
塩気アップ

レシピ提案／Elly'sさん

材料 2人分

わかめ（乾燥）	大さじ2（4g）
きゅうり	1本
コーン缶（ホール）	大さじ2
調味料 穀物酢	大さじ1
砂糖	小さじ2
めんつゆ（濃縮2倍）	小さじ1
水	大さじ3

作り方

❶ ガラスビンに乾燥わかめ、5mm角に切ったきゅうり、コーンの順にぎゅうぎゅうに詰める。

❷ ①によく混ぜ合わせた**調味料**を注ぐ。30分後、乾燥わかめがやわらかくなれば食べられる。小鉢などの器にひっくり返していただく。

すりおろしたきゅうりのグリーンが美しい

材料3つ！
きゅうりの翡翠和え

エネルギー
27kcal
食塩相当量
0.3g
1人分

お酢で
塩気アップ

レシピ提案／朝まとさん

材料 2人分
きゅうり ……………………… 2本
かに風味かまぼこ …… 4本（7g×4本）
穀物酢 ………………………… 大さじ½

作り方
❶ きゅうりはすりおろして水分をしぼり、酢と合わせる。
❷ かに風味かまぼこをほぐし、①に加えてあえる。
※きゅうりのにおいが気になる場合は、しょうがのしぼり汁を入れてもよい。

ほど塩レシピ

主食

香ばしいくるみがアクセントに
くるみ香る ピリ辛冷やしうどん

エネルギー **591** kcal
食塩相当量 **2.1** g
1人分

材料 2人分（写真は1人分）
- うどん（ゆで） …… 2玉
- 鶏ひき肉 …… 200g
- 長ねぎ（みじん切り） …… 1本分
- にんにく（みじん切り） …… 1片分
- 豆板醤 …… 小さじ½
- 酒 …… 大さじ1
- めんつゆ（濃縮2倍） …… 大さじ2
- くるみ …… 30g
- 貝割れ大根 …… ¼パック
- ごま油 …… 小さじ4

作り方
1. くるみはフライパンでから煎りし、冷まして粗いみじん切りにする。貝割れ大根は根元を切り落とす。
2. フライパンにごま油小さじ3を熱し、長ねぎとにんにくを香りが立つまで炒める。鶏ひき肉を加えてポロポロになるまで炒める。
3. ②に豆板醤、酒、めんつゆを加え、汁けをとばすように炒める
4. 鍋に湯をわかし、うどんをゆでて氷水でしめ、水けをきって器に盛る。
5. ④に③のそぼろ、①のくるみと貝割れ大根をのせ、1人前あたりごま油小さじ½ずつを回しかける。

塩としょうゆは使わずめんつゆで味付け

にんにくや豆板醤などで風味アップ

レシピ提案／春夏ママさん

コクがあるのにお酢でさっぱりいただける
豆乳ごまだれ冷やしうどん

エネルギー 429 kcal
食塩相当量 1.8 g
1人分

材料 2人分（写真は1人分）

うどん（ゆで）	2玉
豚肉（薄切り）	60g
オクラ	4本
万能ねぎ（小口切り）	20g
調味料 練りごま（白）	大さじ2
すりごま（白）	大さじ2
豆乳	大さじ2
めんつゆ（濃縮2倍）	大さじ2
穀物酢	小さじ2
しょうが（すりおろし）	小さじ1/2
いりごま（白）	適宜

作り方

1. オクラは塩（材料外）を少しまぶして板ずりしてから熱湯で色よくゆでる。火を止め、オクラだけを取り出す（ゆで汁は捨てない）。
2. ①で使ったゆで汁（火を止めた状態）で豚肉をしゃぶしゃぶしてゆでる。火が通ったらざるにあげる。
3. 豚肉はしっかり水けをきり、食べやすい大きさに切る。
4. うどんは熱湯で1分ほどほぐしながらゆで、ざるにあげ冷水で洗って水けをきる。
5. 「合わせた**調味料**」に④のうどんと万能ねぎを入れ、サッと混ぜ合わせる。器に盛り付け、ゆでた豚肉と1cm幅に切ったオクラをのせる。お好みでいりごまをちらす。

お酢で塩気アップ

塩としょうゆは使わずめんつゆで味付け

レシピ提案／sachi825さん

和風カルボナーラ風の冷やしうどん
冷やしごま&たまうどん

エネルギー
556 kcal
食塩相当量
1.9 g
1人分

しょうゆは使わず
めんつゆで味付け

お酢で
塩気アップ

レシピ提案／さとみわさん

材料 2人分 (写真は1人分)

うどん (ゆで)		2玉
豚肉 (しゃぶしゃぶ用)		100g
A	穀物酢	小さじ2
	ごま油	小さじ1
	しょうが (すりおろし)	小さじ1/3
B	めんつゆ (濃縮2倍)	大さじ2
	溶き卵	1個分
	練りごま (白)	大さじ2
	穀物酢	大さじ2
	しょうが (すりおろし)	小さじ1/3
	すりごま (白)	大さじ2
サニーレタス		1枚
長ねぎ (小口切り)		大さじ2
いりごま (白)		適量

作り方

❶ 80℃くらいのお湯で豚肉をゆで、しゃぶしゃぶする。ざるにあげ、水けをしっかりきる。「合わせたA」と混ぜ、よくからませる。

❷ 熱湯でうどんをゆで、流水で洗って水けをきる。あたたかいうちに、「合わせたB」のボウルにうどんを入れてよくからめる。全体がからんだらボウルの底を氷水につけて冷やす。

❸ 器にサニーレタスを敷き、②のうどんを盛り付ける。①の豚肉、長ねぎをのせ、いりごまをちらす。

※写真は、サニーレタスの代わりにリーフレタスを使用。

水煮のツナ缶を使った
和風ツナの さっぱり焼きうどん

エネルギー **369**kcal
食塩相当量 **2.0**g
1人分

お酢で塩気アップ

しょうゆは使わずめんつゆで味付け

ごまや青じそで風味アップ

材料 2人分（写真は1人分）
うどん（ゆで）	2玉（400g）
ツナ（缶詰・水煮）	1缶
たまねぎ	½個
しめじ	1パック
ごま油	大さじ1
穀物酢	大さじ1

A ┃ めんつゆ（濃縮2倍） ……… 大さじ2
　┃ すりごま（白） ……… 大さじ1

焼きのり ……… ⅓枚
青じそ ……… 10枚

作り方
1. たまねぎは薄切りに、しめじは石づきを落として小房に分け、青じそはせん切りにする。
2. フライパンにごま油を熱し、中火にしてたまねぎ、しめじを炒める。たまねぎが透き通ったら、うどんを加えて軽くほぐす。
3. すぐにツナ缶（汁ごと）と酢を加え、ほぐしながら炒めて汁けをとばす。
4. 汁けがとんだら火を止め、「合わせたA」を加えてよく混ぜる。器に盛って焼きのりをちぎりながらちらし、青じそをのせる。

レシピ提案／MI-RINさん

手早くできて、あっさり風味
混ぜて簡単！ ツナぽんうどん

塩としょうゆは使わずぽん酢しょうゆで味付け

ごまやしょうがで風味アップ

エネルギー **482**kcal
食塩相当量 **2.3**g
1人分

材料 2人分（写真は1人分）
うどん（ゆで）	2玉
ツナ（缶詰）	1缶
ぽん酢しょうゆ	小さじ4
すりごま（白）	大さじ1弱（5g）
しょうが（すりおろし）	小さじ⅓
きゅうり	½本
水菜	適宜

作り方
1. 熱湯でうどんをゆで、流水で洗って水けをきる。きゅうりは太めのせん切りにする。
2. 水菜以外の材料をすべて混ぜ合わせて器に盛り付け、お好みで水菜をトッピングする。

レシピ提案／pomu◎さん

青じそと大根おろしでさっぱりと
豚しゃぶおろしうどん

材料 2人分（写真は1人分）

- うどん（ゆで） …… 2玉
- 豚ロース肉（薄切り） …… 140g
- 大根 …… 1/4本
- 青じそ …… 6枚

つゆ
- めんつゆ（濃縮2倍） …… 大さじ3
- 穀物酢 …… 小さじ2
- ごま油 …… 小さじ1

作り方

1. 沸騰した湯で豚肉をゆで、色が変わったらすぐに冷水に取り、水けをよくきる。
2. 大根はすりおろし、水けをきる。青じそはせん切りにする。
3. 熱湯でうどんをゆで、流水で洗って水けをきる。
4. 器にうどんを盛り、豚肉、大根おろし、青じそをのせる。「合わせたつゆ」を回しかけ、仕上げにごま油で風味づけする。

エネルギー 456kcal
食塩相当量 2.3g
1人分

青じそとごま油で風味アップ
しょうゆは使わずめんつゆで味付け
お酢で塩気アップ

レシピ提案／〜kei〜さん

フライドオニオンが意外なほど合う！
しらすとフライドオニオンのぶっかけうどん

材料 2人分（写真は1人分）

- うどん（ゆで） …… 2玉
- しらす干し（生） …… 大さじ2（13g）
- 青じそ …… 5枚
- 卵黄 …… 2個分
- たまねぎ …… 1/2個
- 片栗粉 …… 大さじ1
- 揚げ油 …… 適量

つゆ
- めんつゆ（濃縮2倍） …… 大さじ2
- 水 …… 大さじ4

作り方

1. 青じそはせん切りにする。たまねぎは細くせん切りにし、片栗粉と一緒にポリ袋に入れてまんべんなくまぶす。
2. フライパンに高さ1cmほどの油を熱し、①のたまねぎを色づいてくるまでじっくりと揚げる。
3. 熱湯でうどんをゆで、お湯をきって器に盛り、②のフライドオニオン、しらす、①の青じそ、卵黄を盛り付ける。「合わせたつゆ」をかけていただく。

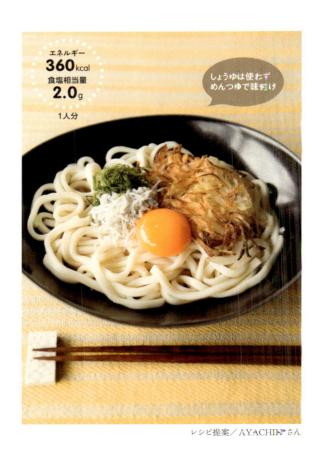

エネルギー 360kcal
食塩相当量 2.0g
1人分

しょうゆは使わずめんつゆで味付け

レシピ提案／AYACHIN*さん

冷しゃぶごまだれぶっかけうどん

しょうがの風味豊かなさっぱり系

エネルギー **401** kcal
食塩相当量 **2.0** g
1人分

お酢で塩気アップ

しょうゆは使わずめんつゆで味付け

レシピ提案／まじゅじゅさん

材料 2人分（写真は1人分）

うどん（ゆで）	2玉
豚肉（しゃぶしゃぶ用）	160g
オクラ	8本（80g）
トマト	小2個（60g）
青じそ	4枚
みょうが	2個（20g）
卵	2個
しょうが（みじん切り）	25g
長ねぎ（みじん切り）	1/2本分（50g）
穀物酢	大さじ2と1/3
砂糖	小さじ1
ごま油	小さじ2
めんつゆ（濃縮2倍）	1/4カップ
水	1/2カップ
すりごま（白）	大さじ2

作り方

❶ たれを作る。フライパンにごま油、しょうが、長ねぎを入れ、中火にかける。フライパンが熱くなってきたら、弱火にして焦がさないように混ぜながら5分じっくり炒める。

❷ 砂糖を入れ、さらに1分炒める。酢大さじ2を加え、中火にしてグツグツしてきたら弱火にして2分炒める。めんつゆと水を加え、ふつふつしたら火を止め、冷めてからすりごまを加える。

❸ トマトは輪切りにし、酢大さじ1/3をかける。青じそはせん切りにして冷水にさらし、パリッとさせる。みょうがは小口切りにする。

❹ オクラは熱湯で30秒ゆでて粗熱を取り、縦4等分に切ってから5mm幅に切る（写真は小口切り）。

❺ 豚肉を食べやすい大きさに切り、沸騰した湯でサッとゆがいて冷水にさらす。水分をしっかりきり、②のたれ大さじ2杯分をからめる。

❻ 熱湯でうどんをゆで、流水で洗って水けをきる。器に盛り、③、④、⑤の具材と卵を割ってのせ、食べる直前に②のたれをかける。

少し甘みのあるそぼろの具材が美味!
お酢でさっぱり 肉じゃが風まぜうどん

エネルギー
624 kcal
食塩相当量
1.8 g
1人分

しょうゆは使わずめんつゆで味付け

お酢で塩気アップ

レシピ提案／meg526さん

材料　2人分（写真は1人分）

うどん（ゆで）	2玉
合びき肉	200g
たまねぎ	1/4個
じゃがいも	1個
にんじん	1/3本
サラダ油	大さじ1
A　めんつゆ（濃縮2倍）	小さじ6
穀物酢	小さじ5
酒	小さじ4
本みりん	小さじ3
砂糖	小さじ2
片栗粉	小さじ1
万能ねぎ（小口切り）	大さじ2

作り方

❶ たまねぎはみじん切りにする。じゃがいもとにんじんは5mmくらいの角切りにする。

❷ 耐熱容器に①のじゃがいもとにんじん、ひたひたの水（材料外）を入れてふたをし、電子レンジ（600W）で4分ほど加熱する。

❸ フライパンにサラダ油を熱し、合びき肉と①のたまねぎを炒める。肉の色が変わってきたら、水けをきった②の野菜を加えて、さらに炒める。

❹ 肉に完全に火が通ったら、「合わせたA」を回し入れてからめ、少しとろみが出るまで炒める。

❺ ゆでたうどんを器に盛り、④をのせて万能ねぎを飾る。

カレーのジュレがつゆとよくからむ

ひんやりカレーうどん アツアツそぼろのせ

エネルギー **528** kcal
食塩相当量 **2.2** g
1人分

カレー粉で風味アップ

しょうゆは使わずめんつゆで味付け

レシピ提案／ブラックウルフさん

材料 2人分（写真は1人分）

うどん（ゆで）	2玉
粉ゼラチン	3g
水	大さじ2
A めんつゆ（濃縮2倍）	大さじ2
水	1カップ
カレー粉	小さじ1
ごま油	小さじ1
豚ひき肉	160g
しょうが（みじん切り）	1片分
たまねぎ	1/4個
めんつゆ（濃縮2倍）	大さじ1/2
牛乳	大さじ1
きゅうり	1/2本
万能ねぎ（小口切り）	2本分
いりごま（白）	大さじ1

作り方

❶ カレージュレを作る。小さな器に水大さじ2を入れ、ゼラチンをふり入れ、ふやかす。

❷ 鍋にAの材料を入れよく混ぜ、火にかける。沸騰したらふやかしたゼラチンを入れて、よく溶かす。バットなどに流し入れ、粗熱が取れたら冷蔵庫で冷やし固める。

❸ ゆでたうどんは冷水でしめ、ざるにあげておく（食べる直前まで冷やしておくとジュレが溶けにくくなる）。

❹ フライパンにごま油を熱し、しょうが、みじん切りにしたまねぎ、豚ひき肉を炒め、しっかり火を通す。

❺ ❹にめんつゆ大さじ1/2と牛乳を入れて炒める。水分がなくなったら火を止める。

❻ ❷のカレージュレを冷蔵庫から取り出してフォークなどで崩し、器に敷く。その上にうどんを盛り、❺のひき肉、せん切りにしたきゅうり、万能ねぎ、白ごまをのせる。

さばの水煮がいいだしになる
サバ缶を使ったトマトそうめん

エネルギー **507** kcal
食塩相当量 **2.3** g
1人分

材料 2人分（写真は1人分）

そうめん（ゆで）	400g
さば（缶詰・水煮）	190g
トマト	1個
きゅうり	½本
長ねぎ（白髪ねぎ）	7cm分
青じそ	2枚
穀物酢	小さじ1
めんつゆ（濃縮2倍）	大さじ2
ごま油	大さじ½
すりごま（白）	小さじ2

作り方

1. 青じそときゅうりはせん切りに、トマトは2cm角に切る。
2. さば缶はザックリと身を崩して酢と混ぜ、①のきゅうりとトマト、めんつゆと合わせて混ぜて冷蔵庫に入れておく。
3. そうめんをゆで、冷水でしめてざるに取り、器に盛る。
4. ②にごま油を加え、底からひっくり返すように混ぜてから、③のそうめんの上にかける。白髪ねぎと青じそをふんわりとのせ、仕上げにすりごまをかける。

しょうゆは使わずめんつゆで味付け

お酢で塩気アップ

ごま油やごまで風味アップ

レシピ提案／海 砂さん

しっかりとコクのある炒めたそうめん
ねぎと鶏肉のそぼろそうめん

材料 2人分（写真は1人分）

そうめん（ゆで）	400g
鶏ひき肉	80g
赤とうがらし（小口切り）	2cm分
ごま油	大さじ2

A
- めんつゆ（濃縮2倍） … 1/4カップ
- 穀物酢 … 大さじ1
- にんにく（すりおろし） … 小さじ1/2

B
- 万能ねぎ（小口切り） … 60g
- かつお節 … 25g

作り方

❶ そうめんは少しかためにゆで、冷水でしめてざるに取り、水きりしておく。

❷ フライパンにごま油を熱し、赤とうがらし、鶏ひき肉、**A**を入れて水分がなくなるまでしっかり炒める。

❸ ②に**B**を入れて混ぜる。すぐに①のそうめんを入れ、具を全体に混ぜ合わせて火を止める。

エネルギー **594**kcal
食塩相当量 **2.4**g
1人分

お酢で塩気アップ

しょうゆは使わずめんつゆで味付け

ごま油で風味アップ

レシピ提案／soufflesさん

ラー油でほどよい辛みをプラス
冷やしぶっかけそうめん

材料 2人分（写真は1人分）

そうめん（ゆで）	400g
納豆	40g
万能ねぎ（4〜5cmの長さに切る）	40g
ごま油	大さじ1
ごま油（仕上げ用）	0.2g
塩	0.1g
ラー油	0.2g
もみのり	3g

つゆ
- めんつゆ（濃縮2倍） … 大さじ2
- 水 … 大さじ6

作り方

❶ 「合わせた**つゆ**」は冷蔵庫で冷やしておく。

❷ フライパンにごま油大さじ1を熱し、納豆、万能ねぎ、塩を入れて焼き目がつくまで炒め、粗熱を取る。

❸ そうめんをゆで、冷水でしめてざるに取り、水きりしておく。

❹ ③のそうめんを器に盛り付け、もみのりをちらし、②をのせる。上から冷やしておいた①の**つゆ**をかけ、仕上げ用のごま油をかけ、ラー油をたらす。

しょうゆは使わずめんつゆで味付け

ごま油やラー油で風味アップ

エネルギー **375**kcal
食塩相当量 **1.5**g
1人分

レシピ提案／えみまふぃんさん

肉あんを麺によくからめて食べる

鶏ひき肉とニラの中華風まぜそうめん

エネルギー **439** kcal
食塩相当量 **2.0** g
1人分

しょうゆは使わず めんつゆで味付け

ごま油で風味アップ

レシピ提案／いづみうなさん

材料 2人分 (写真は1人分)

- そうめん (ゆで) ……… 400g
- 鶏ひき肉 ……… 140g
- にら ……… 1/2束
- たれ
  - めんつゆ (濃縮2倍) …… 大さじ2
  - 水 ……… 大さじ6
  - しょうが (すりおろし) … 小さじ1/2
  - XO醬 ……… 小さじ1
  - 本みりん ……… 小さじ1
  - 片栗粉 ……… 小さじ1
- ごま油 ……… 小さじ2
- 糸とうがらし ……… ひとつまみ

作り方

❶ そうめんをゆで、冷水でしめてざるに取り、水きりしておく。

❷ 鍋にごま油を弱火で熱し、鶏肉を入れてポロポロになるまで混ぜ、みじん切りにしたにらを入れる。全体になじんだら火を止める。

❸ 「よく合わせた**たれ**」を②の鍋に一気に入れて弱火にし、とろみがつくまで絶えず混ぜ続ける。

❹ ①のそうめんを器に盛り付け、③のあんをたっぷりかけて、糸とうがらしをのせる。

※粉山椒や黒こしょうのトッピングもおすすめ。

具材の相性が絶妙
豚バラ肉とナスの ぶっかけそば

エネルギー
717 kcal
食塩相当量
2.3 g
1人分

しょうがで風味アップ

しょうゆは使わずめんつゆで味付け

お酢で塩気アップ

レシピ提案／sachi825さん

材料 2人分 (写真は1人分)

そば（ゆで）	400g
豚バラ肉（薄切り）	200g
なす	1本
大根	2cm
にんじん	3cm
紫たまねぎ	1/4個
つゆ めんつゆ（濃縮2倍）	大さじ4
穀物酢	大さじ2
水	大さじ2
しょうが汁	小さじ2
★トッピング	
ミニトマト	6個
大根の葉	1本分
いりごま（白）	2つまみ

作り方

❶ 豚バラ肉は3cmに切る。なすは5mm幅の輪切りにして水にさらし、水けをきる。

❷ フライパンを熱し、豚肉、なすを交互に並べ、両面焼き色がつくまで焼きつける。

❸ 大根とにんじんはせん切りにし、紫たまねぎは薄切りにして水にさらして水けをきる。ミニトマトは半分に切り、大根の葉は小口切りにする。

❹ 器にゆでたそばを盛り付け、②の豚肉となすをのせ、「合わせたつゆ」をかける。ミニトマトを添え、③のほかの野菜をのせ、いりごまをかける。

とろ～っとしたあんがうまみを閉じ込める
エビとチンゲン菜のあんかけ焼きそば

エネルギー **605** kcal
食塩相当量 **2.4** g
1人分

ごま油で風味アップ

塩としょうゆは使わずめんつゆで味付け

レシピ提案／春夏ママさん

材料 2人分（写真は1人分）

焼きそば用中華麺	2玉
むきえび（小）	100g
たまねぎ	小1個
チンゲン菜	1株
しめじ	100g
たれ　めんつゆ（濃縮2倍）	大さじ2
オイスターソース	小さじ1と1/4
水	大さじ4
★水溶き片栗粉	
片栗粉	小さじ1/2
水	小さじ1
酒	大さじ2
サラダ油	大さじ1/2
ごま油	大さじ2

作り方

① たまねぎは薄切りに、チンゲン菜は芯を取って2cm幅に切り、しめじは石づきを取って手でほぐす。

② フライパンにごま油大さじ1を熱し、中華麺1玉をほぐしながら広げる。そのままさわらず、焦げ目がついたら返して裏も焼き、器に盛り付ける。残りの1玉も同じように作る。

③ フライパンにサラダ油を熱し、たまねぎとしめじを炒める。次にえびとチンゲン菜を入れ、酒を加えて炒める。

④ 全体に火が通ったら、「合わせた**たれ**」を加え、なじんだら**水溶き片栗粉**を加えてとろみがつくまで混ぜる。このあんを②の焼きそばにかける。

温泉卵でまろやかな味になる
炒めトマトと温泉卵の中華混ぜ麺

材料 2人分（写真は1人分）
- 中華麺（ゆで） ……… 2玉
- トマト ……… 1個
- 豚ひき肉 ……… 100g
- 温泉卵 ……… 2個
- いりごま（白） ……… 大さじ1

たれ1
- めんつゆ（濃縮2倍） ……… 大さじ2と1/2
- 穀物酢 ……… 大さじ1
- ごま油 ……… 大さじ1/2

たれ2
- 穀物酢 ……… 大さじ1
- ごま油 ……… 大さじ1

- サラダ油 ……… 適量

作り方
1. トマトは一口大のざく切りにする。
2. 中華麺をゆで、ざるにあげて湯をきり、ボウルに移して「合わせたたれ2」をからめておく。
3. フライパンにサラダ油を熱し、豚ひき肉を炒める。ひき肉の色が変わったらトマトを加え、トマトに火が通ったら、煮崩れする前に火を止める。
4. 器に中華麺を盛り付け、③のそぼろあんを汁ごとのせ、「合わせたたれ1」を回しかける。真ん中に温泉卵をのせ、いりごまをかける。

エネルギー **719**kcal
食塩相当量 **2.0**g
1人分

お酢で塩気アップ

しょうゆは使わずめんつゆで味付け

レシピ提案／creamcrepeさん

ソースとぽん酢しょうゆで味付けした
ぽん酢焼きそば

材料 2人分（写真は1人分）
- 焼きそば用中華麺 … 2玉
- 豚バラ肉（薄切り） … 100g
- キャベツ ……… 3枚
- たまねぎ ……… 1/4個
- にんじん ……… 1/3本
- 水 ……… 大さじ1
- ぽん酢しょうゆ ……… 大さじ1と1/3
- サラダ油 ……… 小さじ1
- 中濃ソース ……… 大さじ1と1/3
- ごま油 ……… 小さじ1
- こしょう ……… 少々（0.1g）
- 青のり ……… 少々（0.1g）

作り方
1. 野菜は食べやすい大きさに切る。
2. フライパンにサラダ油を熱し、豚肉を炒める。肉の色が変わったら、たまねぎとにんじんを加えて炒める。続けてキャベツを加えて炒める。
3. 中華麺、水、ぽん酢しょうゆを加え、麺をほぐしながら炒める。麺がほぐれたら、中濃ソース、ごま油、こしょうを加えてよく混ぜる。器に盛り付け、青のりをかける。

塩は使わずぽん酢しょうゆで味付け

エネルギー **625**kcal
食塩相当量 **2.4**g
1人分

ごま油や青のりで風味アップ

レシピ提案／☆栄養士のれしぴ☆さん

温泉卵をからめて食べたい
さっぱりヘルシー鶏そぼろカレー丼

エネルギー **706** kcal
食塩相当量 **1.4** g
1人分

しょうゆは使わず めんつゆで味付け

お酢で 塩気アップ

材料 2人分（写真は1人分）

ご飯 …… 丼2杯分	温泉卵 …… 2個
鶏ひき肉 …… 200g	キャベツ（せん切り） …… 100g
調味料：	長ねぎ（みじん切り） …… 適宜
穀物酢 …… 大さじ3	
めんつゆ（濃縮2倍） …… 大さじ2	
カレー粉 …… 小さじ2	
はちみつ …… 小さじ1	

作り方

❶ フライパンに、鶏ひき肉と「合わせた**調味料**」を入れてよく混ぜる。中火にかけてかき混ぜながら煮詰める。

❷ しっかり煮立つくらいの火加減のまま、酸味をとばすようにする。汁けが少し残る程度で火を止める。

❸ 丼にご飯をよそい、キャベツとそぼろをのせて、真ん中にくぼみを作り、温泉卵を落とす。お好みでねぎをちらす。

レシピ提案／MI-RINさん

にらをさっと炒めるのがおいしさのコツ
ぽん酢でさっぱり！豚ニラ丼

エネルギー **663** kcal
食塩相当量 **1.8** g
1人分

お酢で 塩気アップ

しょうゆは使わず ぽん酢しょうゆで味付け

材料 2人分（写真は1人分）

ご飯 …… 丼2杯分	サラダ油 …… 小さじ2
豚ひき肉 …… 160g	調味料：
にら …… ½束	ぽん酢しょうゆ …… 大さじ2と½
にんじん …… ⅛本	穀物酢 …… 小さじ½
しいたけ …… 2枚	砂糖 …… 小さじ⅛
しょうが（すりおろし） …… 1片分	

作り方

❶ にら、にんじん、しいたけを3mmくらいのみじん切りにする。

❷ フライパンにサラダ油を弱火で熱し、しょうがを入れる。香りが立ってきたら、強火にしてひき肉を炒める。肉の色が変わったら、しいたけとにんじんを入れて1分ほど炒める。

❸ にらを入れて30秒ほど炒め、「合わせた**調味料**」を入れて香りが立ったらすぐに火を止める。丼にご飯をよそい、その上にのせる。

レシピ提案／hawaiipineさん

肉につけた下味がしっかりきいている
ぽん酢を使った鶏の辛子揚げおろし丼

エネルギー **820**kcal
食塩相当量 **2.3**g
1人分

塩は使わずぽん酢しょうゆで味付け

からし、にんにく、しょうがで風味アップ

レシピ提案／うさぎのシーマさん

材料 2人分（写真は1人分）

ご飯	丼2杯分
鶏むね肉（皮なし）	250g
下味調味料 練りがらし	小さじ2
しょうゆ	小さじ½
にんにく（すりおろし）	小さじ1
しょうが（すりおろし）	5g
衣 小麦粉	大さじ2
片栗粉	大さじ2
いりごま（白）	大さじ2
大根おろし	¾カップ
貝割れ大根	20g
青じそ	4枚
焼きのり	½枚
ぽん酢しょうゆ	大さじ2
揚げ油	適量

作り方

❶ 鶏むね肉はそぎ切りにしてボウルに入れ、「合わせた**下味調味料**」とよく混ぜて20分ほどおく。

❷ 大根おろしは水けをきる。貝割れ大根は根元を切り、青じそはせん切りにする。

❸ ①のボウルに**衣**を加えて全体にまぶし、180℃に熱した油でこんがりと揚げる。

❹ 丼にご飯をよそい、焼きのりをちぎってのせ、貝割れ大根をちらす。その上に③の鶏肉と大根おろし、青じそをのせ、ぽん酢しょうゆ（1人あたり大さじ1）をかける。

しっかりとマリネされたサーモンが抜群においしい

漬けサーモンの マヨ丼

エネルギー **826**kcal
食塩相当量 **1.3**g
1人分

材料　2人分（写真は1人分）

ご飯		丼2杯分
合わせ酢	穀物酢	大さじ4
	砂糖	大さじ3
サーモン（刺身用）		200g
めんつゆ（濃縮2倍）		大さじ2
たまねぎ		¼個
マリネ液	穀物酢	大さじ1
	オリーブオイル	小さじ2
	砂糖	小さじ1
	レモン（果汁）	小さじ1
マヨネーズ		大さじ1
万能ねぎ（小口切り）		小さじ4
焼きのり		2g

作り方

❶ サーモンのさくは斜めに薄く切り、めんつゆに20〜30分漬ける。

❷ たまねぎは薄切りにして水にさらし、「合わせた**マリネ液**」に混ぜて20〜30分漬ける。

❸ ご飯に**合わせ酢**を混ぜ合わせる。丼に酢飯をよそい、②のたまねぎ、①のサーモンの順に盛り付け、マヨネーズ、万能ねぎ、焼きのりをちぎってのせる。

お酢で塩気アップ

しょうゆは使わずめんつゆで味付け

レシピ提案／meg526さん

いろいろな薬味がかつおのたたきを
よりおいしくさせる

かつおたたき丼
ごま風味

材料 2人分 (写真は1人分)

ご飯（かため） … 丼2杯分
かつおのたたき … 200g
いりごま（白） … 大さじ1
青じそ … 4枚
万能ねぎ（小口切り）
　……………… 4本分
しょうが（すりおろし）
　……………… 1片分
糸とうがらし … 適宜

たれ｜
　しょうゆ
　　……… 大さじ1と½
　穀物酢
　　……… 大さじ1と½
　ごま油 … 小さじ2

作り方

❶ 青じそはせん切りにする。ご飯といりごまを混ぜて丼によそう。

❷ ご飯に青じそをのせ、かつおのたたきを並べる。万能ねぎ、しょうが、お好みで糸とうがらしをのせる。「合わせたたれ」をかけていただく。

お酢で塩気アップ

ごま、青じそ、しょうがなどで風味アップ

エネルギー **614**kcal
食塩相当量 **2.0**g
1人分

レシピ提案／わらしさん

海鮮丼のテッパン！

まぐろとねぎ丼

材料 2人分 (写真は1人分)

ご飯 … 丼2杯分
まぐろ … 200g
青じそ … 3枚
いりごま（白） … ひとつまみ

合わせ酢｜
　穀物酢 … 大さじ1
　砂糖 … 大さじ1
　塩 … 0.8g

たれ｜
　穀物酢 … 大さじ1
　めんつゆ（濃縮2倍）
　　……… 大さじ1と½
　長ねぎ（白い部分・みじん切り）
　　……… 10cm分

作り方

❶ よく混ぜた**合わせ酢**をご飯に少しずつかける。

❷ まぐろをスライスし、「合わせたたれ」に30分くらい漬ける。

❸ すし飯の上に②のまぐろをねぎごとのせて、さらにせん切りにした青じそをのせ、ごまをふる。

エネルギー **580**kcal
食塩相当量 **1.3**g
1人分

お酢で塩気アップ

しょうゆは使わずめんつゆで味付け

レシピ提案／mogomさん

お酢でさっぱり！簡単チャーハン

お酢が表に出ないから苦手な人でも大丈夫！

材料 2人分（写真は1人分）

ご飯	丼2杯分
豚ひき肉	100g
長ねぎ（みじん切り）	1本分
かに風味かまぼこ	5本
青じそ	10枚
にんにく（みじん切り）	1片分

調味料
- 穀物酢　大さじ1
- 本みりん　大さじ1
- しょうゆ　小さじ2
- 塩　0.8g
- こしょう　少々（0.1g）

作り方

1. かに風味かまぼこと青じそは適当な大きさに切る。
2. フライパンにサラダ油（材料外）を熱し、にんにくを炒める。香りが出てきたら豚ひき肉、ねぎ、ご飯の順に加えてよく炒める。
3. 「合わせた**調味料**」を加えてフライパンをあおる。器に盛り付け、かに風味かまぼこをちらし、青じそをのせる。

エネルギー 599kcal　食塩相当量 1.8g（1人分）

青じそで風味アップ
お酢で塩気アップ

レシピ提案／AYACHIN*さん

パラパラ炒めご飯 バター＆ぽん酢ガーリック

ガーリックとバターの風味がたまらない

材料 2人分（写真は1人分）

ご飯	丼2杯分
合びき肉	160g
コーン（冷凍）	100g
にんにく（すりおろし）	小さじ1
ぽん酢しょうゆ	大さじ2
サラダ油	小さじ2
バター	大さじ1

作り方

1. フライパンにサラダ油を熱し、にんにく、合びき肉、コーンを入れて炒める。
2. 具に香ばしく火が通ったら、ぽん酢しょうゆを加える。
3. 水分が多少残った状態でご飯を入れて炒める。最後にバターを加えて軽く炒める。

※写真は、飾りでミニトマトとゆでたブロッコリー使用。

エネルギー 745kcal　食塩相当量 2.0g（1人分）

塩としょうゆを使わずぽん酢しょうゆで味付け
にんにくで風味アップ

レシピ提案／朝まこさん

あんをかけて食べるチャーハン
鮭とセロリのビネガー焼飯 トマトあん添え

エネルギー **783** kcal
食塩相当量 **1.7** g
1人分

セロリやしょうがで風味アップ

お酢で塩気アップ

しょうゆは使わずめんつゆで味付け

レシピ提案／tomobananaさん

材料　2人分（写真は1人分）

ご飯	丼2杯分
生鮭（切り身）	2切れ
セロリ	1/3本
しょうが（みじん切り）	1片分
オリーブオイル	大さじ2
穀物酢	大さじ2
本みりん	大さじ1
こしょう	少々（0.3g）
塩	2.5g
スライスアーモンド	10g
トマト	200g
めんつゆ（濃縮2倍）	小さじ1と1/2
片栗粉	7g（大さじ2/3強）
セロリの葉	5g

作り方

❶ セロリは薄切りにする。ご飯は冷たければ温めておく。酢とみりんを合わせておく。

❷ フライパンでスライスアーモンドをこんがりから煎りして取り出す。そこに鮭を入れて強火にしてヘラなどでほぐし、骨を除きながら焼く。

❸ オリーブオイル、しょうが、セロリを加えてさっと炒めたら、ご飯を加えヘラなどで押しつけながらほぐし炒める。

❹ 鍋肌から合わせた酢とみりんを加え、水分をとばすようにしっかり炒め、最後にこしょうと塩をふって混ぜる。

❺ トマトを半分すりおろし、残りは1cm角に刻み、めんつゆと片栗粉と一緒に耐熱容器に入れ、よく混ぜる。電子レンジで沸とうするまで（突沸に注意して途中で一度かき混ぜる）加熱し、よく混ぜたら細かく刻んだセロリの葉を加えてさらに混ぜる。

❻ 器にチャーハンを盛り、スライスアーモンドをかける。器に❺のトマトあんを入れて添え、食べる直前にかける。

豚肉ときのこのうまみがギュッと詰まった
きのこと豚肉の炊き込みご飯

エネルギー **661**kcal
食塩相当量 **1.9**g
1人分

材料 2人分 (写真は1人分)

米	1.5合
豚ロース肉（薄切り）	160g
干ししいたけ	10g
しめじ	½パック
しょうが（せん切り）	8g
しょうが（すりおろし）	10g
めんつゆ（濃縮2倍）	¼カップ
酒	大さじ1と⅓
干ししいたけのもどし汁	340㎖
万能ねぎ	適宜
いりごま（白）	適宜

作り方

❶ 干ししいたけはもどし、石づきを切って薄切りにする。しめじは石づきを切って手でほぐす。
❷ 豚肉は細切りにし、すりおろしたしょうがと酒大さじ⅓をもみ込む。
❸ 炊飯器に米、しいたけ、豚肉、しめじの順に入れ、めんつゆ、酒大さじ1、しいたけのもどし汁を入れて普段どおりに炊く（もどし汁は茶こしなどでこして入れる。たりなければ水を加える）。
❹ ご飯が炊きあがったら全体を混ぜてふきんをかぶせ、10分ほど蒸らす。
❺ 器に盛り、しょうがのせん切りをのせ、お好みで万能ねぎ、いりごまをかける。

きのこやしょうがで風味アップ

塩は使わずめんつゆで味付け

レシピ提案／まじゅまじゅさん

ほど塩レシピ
スープ

しいたけのうまみを実感する

鶏ひき肉と干し椎茸と
トマトのうまみスープ

エネルギー **82**kcal
食塩相当量 **1.0**g
1人分

材料 2人分

鶏ひき肉	50g
干ししいたけ	1個
水	1と¾カップ
トマト	½個
長ねぎ（5mm幅の細切り）	5cm分
塩	2g
穀物酢	大さじ1
しょうが汁	小さじ1
サラダ油	適量

作り方

❶ 干ししいたけは分量の水の中に入れてもどし、薄切りにする（もどし汁は使うので捨てない）。

❷ トマトは1.5cmくらいのざく切りにする。

❸ 鍋にサラダ油を熱し、ひき肉、ねぎを炒めて、肉に火が通ったらトマト、しいたけを加えて炒める。

❹ トマトが少し崩れるくらいになったら、しいたけのもどし汁を入れて軽く煮て、塩で味を調える。さらに酢を入れ、仕上げにしょうが汁を加える。

しいたけで うまみアップ

しょうがで 風味アップ

お酢で 塩気アップ

レシピ提案／shimaさん

食べごたえのあるおかずスープ
すまし豚汁

材料 2人分（写真は1人分）

- 豚バラ肉（薄切り） … 50g
- れんこん … 2cm
- 板こんにゃく … 1cm
- ごぼう … 小¼本（40g）
- にんじん … ⅛本
- にんにく（すりおろし） … 小さじ1

つゆ
- 水 … 1カップ
- めんつゆ（濃縮2倍） … 大さじ1と⅔
- ごま油 … 小さじ1〜2
- 万能ねぎ（小口切り） … 適量

作り方
1. 野菜とこんにゃく、豚肉を適当な大きさに切る。
2. 鍋にごま油を熱し、にんにくと豚肉を入れて炒める。豚肉に火が通ったら、具材をすべて加え、さらに炒める。
3. 全体が少しくたっとしたら、「合わせた**つゆ**」を加え、野菜がやわらかくなるまで煮る。器に盛り付け、万能ねぎをのせる。

エネルギー 161kcal / 食塩相当量 0.9g（1人分）

ごま油で風味アップ / ねぎで風味アップ / 塩としょうゆは使わずめんつゆで味付け

レシピ提案／pomu◎:さん

大根おろしがたっぷり！
なめこのみぞれスープ

材料 2人分

- なめこ … 1パック
- 大根 … 5cm（80g）
- 絹ごし豆腐 … 100g
- 水 … 1カップ
- めんつゆ（濃縮2倍） … 大さじ1と⅔

★水溶き片栗粉
- 水 … 大さじ1
- 片栗粉 … 小さじ1
- 長ねぎ（青い部分・みじん切り） … 2〜3cm分（8g）
- いりごま（白） … 小さじ¼
- ごま油 … 小さじ½

作り方
1. 大根はすりおろして軽く水けをきる。
2. 鍋に水、めんつゆ、なめこ、①の大根おろし、1cm角に切った豆腐を入れて一煮立ちさせる。
3. ②に**水溶き片栗粉**を入れてとろみをつけ、火を止める。器に盛り、長ねぎ、ごま、ごま油をかける。

エネルギー 69kcal / 食塩相当量 0.9g（1人分）

ねぎやごま、ごま油で風味アップ / 塩としょうゆは使わずめんつゆで味付け

レシピ提案／じゅごじゅごさん

コトコトじっくり煮込むから骨のうまみエキスがいっぱい

手羽中とごぼうのスープ

エネルギー
146 kcal
食塩相当量
0.9 g
1人分

材料 2人分（写真は1人分）

鶏手羽中（ハーフ）	8本
ごぼう	1/4本（50g）
赤とうがらし（輪切り）	2つまみ
水	2カップ
穀物酢	大さじ2
砂糖	大さじ1
めんつゆ（濃縮2倍）	大さじ1と1/2
ごま油	小さじ1/2
万能ねぎ	適宜

作り方

❶ 鍋に水、赤とうがらし、手羽中を入れて沸騰するまで強火にし、沸騰したら中火で煮る。

❷ ごぼうは細切りにし（写真はななめ薄切り）、①の鍋に入れて弱火で煮る。途中アク取りをする。

❸ アクが出なくなったら、酢と砂糖を入れ、水分が半分くらいになるまでコトコト煮る。最後にめんつゆを入れて混ぜ合わせ、ごま油を入れる。お好みで万能ねぎをちらす。

塩は使わず
めんつゆで味付け

ごま油で
風味アップ

お酢で
塩気アップ

レシピ提案／キョクさん

とろみでうまみを閉じ込めた
ささみと大根おろしの和風スープ

エネルギー **115**kcal
食塩相当量 **0.9**g
1人分

材料 2人分（写真は1人分）

- 鶏ささみ ……………………… 1本
- 大根 …………………………… 120g
- 長ねぎ（斜め切り）…………… 20g
- ごま油 ………………………… 大さじ1
- めんつゆ（濃縮2倍）………… 大さじ1と2/3
- 水 ……………………………… 1と1/2カップ
- ★水溶き片栗粉
  - 片栗粉 ……………………… 大さじ1/2
  - 水 …………………………… 大さじ1/2
- ラー油 ………………………… 少々（5滴）

作り方

1. 鶏ささみは細切りにする。大根はすりおろして水けをきる。
2. 深鍋にごま油を熱し、ねぎを炒めて香りを出す。色がついたら鶏ささみを入れてさらに炒める。めんつゆを加え、焦がすように中火で炒める。
3. ②に水を入れ、煮立ってきたら①の大根おろしを入れる。沸騰したら、**水溶き片栗粉**を入れてとろみをつける。器に盛り付け、ラー油をたらす。

ごま油やラー油で風味アップ

塩は使わずめんつゆで味付け

レシピ提案／yukanosukeさん

実際に、"ほど塩レシピ"で
献立を作ってみましょう！

合計カロリー
397 kcal
合計食塩相当量
2.1 g
(ご飯を除く)

KONDATE 1

エネルギー
70 kcal
食塩相当量
0.4 g

レタスと海苔の
ぽん酢和え

エネルギー
212 kcal
食塩相当量
0.8 g

豚とトマトとネギの
中華風炒め

エネルギー
115 kcal
食塩相当量
0.9 g

ささみと大根おろしの
和風スープ

合計カロリー
529 kcal
合計食塩相当量
2.4 g

(ご飯を除く)

KONDATE 2

にんじんの
さっぱりナムル

エネルギー
133 kcal
食塩相当量
0.5 g

エネルギー
52 kcal
食塩相当量
0.4 g

なすと香ばしネギの
簡単和え

カリカリ豚肉と
野菜のぽん炒め

エネルギー
344 kcal
食塩相当量
1.5 g

"ほど塩"にするための調味料索引

穀物酢

- 揚げ鶏 ピクルスソースがけ … 13
- 手羽元のお酢煮込み … 15
- ビネガーチキン～ハニーマスタード風～ … 16
- ゆで鶏のさっぱりオーロラソース … 17
- グリルチキン 玉ねぎソースかけ … 18
- チキンと長いも焼き 黒こしょう風味 … 19
- 鶏手羽とろとろ照り照り煮 … 20
- 白ネギと鶏肉のさっぱり炒め … 21
- ごまたっぷり甘酢チキン … 22
- チーズinつくね 甘酢ペッパーソース … 23
- 豚とトマトとネギの中華風炒め … 27
- 豚肉と大根のさっぱり煮 … 29
- ピリッとクリーミー冷しゃぶ … 30
- 厚切り豚のソースソテー … 31
- 豚肉の酢味噌炒め … 32
- 豚肉の香味酢焼き … 32
- 牛肉のお酢炒め … 36
- お酢を使ったやわらか牛ステーキ … 37
- 豆とひき肉の豆板醤炒め … 39
- ぶりのヴィネグレットソース … 46
- ぶりのねぎ香味ソース … 47
- ぶりのにんにく酢醤油焼き … 48
- イカソテートマトソースがけ … 50
- ロースト野菜にチーズディップ … 54
- 玉ねぎとトマトのマリネ … 54
- 大豆のカレーマリネ … 54
- カレー風味の野菜マリネ … 54
- カリフラワーのピクルス カレー風味 … 56
- パプリカのハーブ風味ピクルス … 56
- バジル香るにんじんピクルス … 57
- きゅうりのハニーマスタードピクルス … 57
- 焼きしいたけの納豆和え … 58
- にんじんのさっぱりナムル … 59
- 切って和えるだけ！アボカドトマト … 62
- ジャーサラダ気分の酢の物 … 63
- 材料3つ！きゅうりの翡翠和え … 64
- 豆乳ごまだれ冷やしうどん … 67
- 冷やしごま＆たまうどん … 68
- 和風ツナのさっぱり焼きうどん … 69
- 豚しゃぶおろしうどん … 70
- 冷しゃぶごまだれぶっかけうどん … 71
- お酢でさっぱり 肉じゃが風まぜうどん … 72
- サバ缶を使ったトマトそうめん … 74
- ねぎと鶏肉のそぼろそうめん … 75
- 豚バラ肉とナスのぶっかけそば … 77
- 炒めトマトと温泉卵の中華混ぜ麺 … 79
- さっぱりヘルシー 鶏そぼろカレー丼 … 30
- ぽん酢でさっぱり！豚ニラ丼 … 80
- 漬けサーモンのマヨ丼 … 82
- かつおたたき丼 ごま風味 … 83
- まぐろとねぎ丼 … 83
- お酢でさっぱり！簡単チャーハン … 84
- 鮭とセロリのビネガー焼飯 トマトあん添え … 85
- 鶏ひき肉と干し椎茸とトマトのうまみスープ … 38
- 手羽中とごぼうのスープ … 90

ぽん酢しょうゆ

- 鶏むね肉のバターぽん炒めしそ風味 … 10
- 鶏ときのこのこんがりぽん炒め … 11
- カリカリ豚肉と野菜のぽん炒め … 24
- 豚と野菜のエスニック風ぽん炒め … 25
- ひき肉の味噌ぽん炒め かつお生姜風味 … 26
- 簡単牛カルビ ぽん酢焼き … 33
- 肉・野菜モリモリぽん炒め … 34
- かぼちゃの牛肉巻き シナモン＆ぽん酢焼き … 35
- れんこんバーグ 野菜たっぷりソース … 40
- 鮭ときのこのバターソテー … 42
- 鮭と野菜の甘酢炒め … 43
- 鮭のムニエル 半熟卵ソース … 45
- えびと卵のチリソース風 … 50
- 豆腐とレンコンのピリ辛あんかけ饅頭 … 53
- トマトのごまぽん和え … 61
- レタスと海苔のぽん酢和え … 61
- 混ぜて簡単！ツナぽんうどん … 59
- ぽん酢焼きそば … 79
- ぽん酢でさっぱり！豚ニラ丼 … 80
- ぽん酢を使った鶏の辛子揚げおろし丼 … 81
- パラパラ炒めご飯 バター＆ぽん酢ガーリック … 84

めんつゆ

- 旨味をとじこめたトマトのチキンソテー … 12
- 鶏肉とじゃがいもの七味炒め … 14
- 大葉入りつくね … 14
- 手羽元のお酢煮込み … 15
- グリルチキン 玉ねぎソースかけ … 18
- れんこんの肉詰め胡麻からめ … 19
- チキンと長いも焼き 黒こしょう風味 … 19
- 鶏手羽とろとろ照り照り煮 … 20
- 手羽先となすのごまみそ煮 … 21
- 白ネギと鶏肉のさっぱり炒め … 21
- 豚肉ともやしのレモン胡椒炒め … 27
- とろり豚肉とキャベツの治部煮風 … 28
- ピリッとクリーミー冷しゃぶ … 30
- 厚切り豚のソースソテー … 31
- 牛肉かぼちゃ … 36
- 和風マーボーナス … 38
- 鮭のから揚げ 和風あんかけ … 44
- ぶりのヴィネグレットソース … 46
- めんつゆで作るぶりの煮物 … 49
- イカソテー トマトソースがけ … 50
- ごぼう、にんじん、れんこん おかかきんぴら … 52
- 大豆のカレーマリネ … 54
- モロヘイヤと長芋のネバネバ和え … 58
- 焼きしいたけの納豆和え … 58
- ほうれん草としめじ、油揚げの風味和え … 59
- にんじんのさっぱりナムル … 59
- なすと香ばしネギの簡単和え … 60
- ジャーサラダ気分の酢の物 … 63
- くるみ香るピリ辛冷やしうどん … 66
- 豆乳ごまだれ冷やしうどん … 67
- 冷やしごま＆たまうどん … 68
- 和風ツナのさっぱり焼きうどん … 69
- 豚しゃぶおろしうどん … 70
- しらすとフライドオニオンのぶっかけうどん … 70
- 冷しゃぶごまだれぶっかけうどん … 71
- お酢でさっぱり 肉じゃが風まぜうどん … 72
- ひんやりカレーうどん アツアツそぼろのせ … 73
- サバ缶を使ったトマトそうめん … 74
- ねぎと鶏肉のそぼろそうめん … 75
- 冷やしぶっかけそうめん … 75
- 鶏ひき肉とニラの中華風まぜそうめん … 76
- 豚バラ肉とナスのぶっかけそば … 77
- エビとチンゲン菜のあんかけ焼きそば … 73
- 炒めトマトと温泉卵の中華混ぜ麺 … 79
- さっぱりヘルシー 鶏そぼろカレー丼 … 80
- 漬けサーモンのマヨ丼 … 82
- まぐろとねぎ丼 … 83
- 鮭とセロリのビネガー焼飯 トマトあん添え … 85
- きのこと豚肉の炊き込みご飯 … 85
- すまし豚汁 … 89
- なめこのみぞれスープ … 89
- 手羽中とごぼうのスープ … 90
- ささみと大根おろしの和風スープ … 91

本書のレシピで使った調味料はこちらです。

ミツカン穀物酢500㎖

小麦・酒粕・米・コーンをバランスよくブレンドして醸造した日本で最もポピュラーな醸造酢。さっぱりとしたさわやかな味が、あらゆる料理によく合います。塩分は気になるけど味気ないのはいや……、そんなとき、「酢の力」をかりるのがおすすめ。お酢には、お料理全体の味を上手に引き立たせる働きがあり、ほどよいお塩でおいしい料理を作ることができます。普段の料理にお酢を少しずつ取り入れていくのはいかがでしょうか?

ミツカン味ぽん360㎖

かんきつ果汁・醸造酢・しょうゆがひとつになった他では味わえない絶妙な風味の調味料です。鍋料理をはじめ、おろし焼き肉・焼き魚・ぎょうざ・冷奴など「つけて」「かけて」幅広くお使いいただける「ニッポンのさっぱり味」調味料です。最近のおすすめは、「炒め物」や「パスタ」などの料理の味付けに使う"フライパンクッキング"。しょうゆ代わりに「味ぽん」を活用すれば、お酢の酸味のおかげで、塩分を減らしてもおいしい。昨年、発売50周年を迎えた「味ぽん」。これからも新たなメニューや使い方をご提案してまいります。

ミツカン追いがつおつゆ2倍

かつおで2回だしをとる日本料理のプロの技を取り入れためんつゆです。「旨みだし」と「香りだし」の2つのだしに、「絹ぶし製法」できめ細かに挽いたかつお節を加えました。かつお節が生み出すつゆのほのかなにごりが、料理をおいしくするだしの余韻の決め手です。しょうゆ代わりに「追いがつおつゆ」を活用すれば、だしのうまみ成分のおかげで、塩分を減らしてもおいしい。煮物や炒め物、スープなどいろいろなメニューでぜひご活用ください。

- 「味ぽん」「追いがつお」「ぽん炒め」「絹ぶし」は、(株) Mizkan Holdingsの登録商標です。
- 「ほど塩」は、(株) Mizkan Holdingsの商標です。

監修

株式会社Mizkan

1804年に創業以来、人々の食文化を創造する商品、メニューを提供してきた。実際には、酒粕酢、「穀物酢」、「カンタン酢」、「味ぽん」、「追いがつおつゆ」、食酢飲料などの商品や、サワードリンク、手巻き寿司、おろし焼き肉などのメニュー提案を行ってきた。現在は、お酢などの調味料に加え、「鍋つゆ」や「納豆」なども扱う。食トレンドや変化の兆し、内食・外食・中食などのニーズを捉えて分析し、より魅力的な食生活提案をすることを目的とした「食生活研究プロジェクト」にも取り組んでいる。

クックパッド株式会社

日本最大のレシピ投稿・検索サイト「クックパッド」を運営するクックパッド株式会社。投稿レシピ数は185万品を超え、20〜30代の女性を中心に、月間のべ5000万人以上が利用している。クックパッドに投稿しているレシピ作者は一般のユーザーで、投稿されたレシピを作った人が、レシピ作者へ「つくれぽ（作りましたフォトレポート）」を送ることができる。ユーザー同士のコミュニケーションを通じて、料理の楽しみが広がっていくのが特徴だ。会員同士の情報交換の場としても盛り上がっている。※レシピ数・利用者数は、2014年10月現在

STAFF

ブックデザイン	望月昭秀＋木村由香利（NILSON）
料理・スタイリング	HISAKO（dish lab）
取材・構成	土田由佳
撮影	池水カナエ
調理アシスタント	新井めぐみ
	池尾麻衣
	藤田藍
協力	クックパッドレシピエールの皆様
編集	袖山満一子（幻冬舎）

ミツカンとクックパッドの ほど塩レシピ
ほどよいお塩でおいしい！

2015年1月20日　第1刷発行

監　修	ミツカン＆クックパッド
発行者	見城　徹
発行所	株式会社 幻冬舎
	〒151-0051 東京都渋谷区千駄ヶ谷4-9-7
	電話 03（5411）6211（編集）
	03（5411）6222（営業）
	振替 00120-8-767643
印刷・製本所	図書印刷株式会社

検印廃止

万一、落丁乱丁のある場合は送料小社負担でお取替致します。小社宛にお送り下さい。本書の一部あるいは全部を無断で複写複製することは、法律で認められた場合を除き、著作権の侵害となります。定価はカバーに表示してあります。

© MIZKAN, COOKPAD, GENTOSHA 2015
Printed in Japan
ISBN978-4-344-02715-2　C0077

幻冬舎ホームページアドレス http://www.gentosha.co.jp/

この本に関するご意見・ご感想をメールでお寄せいただく場合は、comment@gentosha.co.jpまで。